You are Precious

每顆都不一樣的小石頭

教育心理學家的日常講談室，
聊聊那些資優、過動、自閉、讀寫障礙……
擁有不同特質的孩子成長心事

Diane Lo（戴公主）——著

推薦序

羅偉柏博士／香港教育大學心理學系助理教授、註冊教育心理學家

二〇二五年，隨著人工智能 AI（Artificial Intelligence）的迅速發展，有很多人問到心理學家會被 AI 取代嗎？

看完這本書，我可以肯定，AI 要取代心理學家的溫度和愛，似乎還有一段距離。

多謝 Diane 這本著作，讓更多人認識教育心理學家這個職業。這是一本連教育心理家也會一看再看的好書，我誠意向大家推薦。

我和 Diane（戴公主）早於中學聯校活動已合作。到近年，大家在香港心理學會教育心理學部重遇，並一起成為幹事，為行業出一分力。非常感謝 Diane 邀請我為這本書寫序，讓我能夠先睹為快，又可以了解資深教育心理學家如何斷症和支援學生。

讀者可曾聽過教育心理學家這個專業？教育心理學家的工作又是甚麼？相信很多讀者也未必完全了解。畢竟在香港只有大約四百多名合資格的教育心理學家，他們也主要服務最有需要的學童。

在這本書裡，Diane 運用她活潑的寫作技巧，為我們揭開教育心理學家這個行業的神秘面

紗。透過十七顆小石頭的故事（個案），大家會認識到各種主要特殊學習需要，包括：讀寫障礙、自閉症譜系障礙、過度活躍／專注力失調症、智力障礙、資優、情緒及精神病等。教育心理學是一個著重科學與實踐的專業，所以在每一個個案故事後，Diane 也會有延伸資料，當中包含心理學理論和實證為本的介入方法。

Diane 從事教育心理學經歷豐富，對不同學習需要的診斷和介入也瞭如指掌。但更重要的是，教育心理學家是對人的工作，以生命影響生命。在個案中，往往可以看到她對人性的希望，相信每個人也是獨有而又珍貴的，以讓每個人也會在愛當中成長。這些信念可能比不同的技巧，更加能夠影響莘莘學子。

推薦序

周芷君醫生／香港資深兒科醫生

我非常榮幸能為 Diane（戴公主）的新書撰寫推薦文。

Diane 為資深教育心理學家，多年來深耕實務與研究領域，累積了豐富的專業知識與實踐經驗。

近年來，兒童發展障礙和心理健康問題在孩子和青少年中日益普遍。社交媒體的出現，徹底改變了年輕一代的成長經驗。他們所面臨的問題和挑戰，與上一代截然不同。

Diane 在書中深入闡述孩子和青少年面對的各種挑戰，透過精闢的案例，以生動且發人深省的方式探討問題，然後進一步剖析每項議題的箇中原因，並給予建議，為讀者提供協助有需要人士的實用資訊。

這本書不僅展現了 Diane 在教育心理學領域的專業知識，更體現了她幫助孩子、青少年及其家庭面對困難的熱忱。

書中的內容亦與我的日常工作息息相關，讓我能更深入了解病房中的兒童與青少年的需要，更引導我反思自身的臨床實踐，持續追求更臻完善的專業表現。同時，這本書也啟發我重新思考如何陪伴與養育自己的孩子。

我真誠相信，這本書是所有教育工作者、家長，以及從事兒童與青少年相關工作的專業人士必讀之選。書中所呈現的，不僅是年輕世代所面臨的真實挑戰，更是通往解決之道的寶貴泉源。因此，我期盼 Diane 的文字能接觸更廣泛的讀者，讓我們更有信心與力量，陪伴新生代克服困難，邁向更光明的未來。

推薦序……天航／香港作家

當爸媽的都應該知道，育兒比上班更累！

育兒的路上，荊棘滿途，沒有人天生會做父母。我身邊在幼兒園任職的朋友，她們都抱怨說：「家長交學費，送孩子來上學，就甚麼問題都丟給老師！」遇到孩子有精神方面的問題，家長好像當成普通病痛一樣，以為去找心理學家做治療，孩子便會像吞下仙丹一樣痊癒。

我的兒子 Hugo 上小學的時候，班主任一度懷疑他是特殊兒童，建議我帶他去看兒童心智科的醫生。第一次聽到這樣的消息，我感到相當難過，失眠了半晚。適逢當時 Diane 一家來台北旅行，像我這種付不起錢去看心理醫生的人，當然借著免費的機會向她諮詢（我和她結緣於大學的宿舍，彼此是相識二十五年以上的老朋友）。記得當天，Diane 聽了我的煩惱，立刻回應：「唔會啩！Hugo 好 friendly，一啲都唔似有問題喎！」多虧了她，我才放下心頭大石。比起學校的老師，她才是權威的專家，我更相信她的判斷。

近年，我跟 Hugo 來到了大馬生活，展開「數碼遊牧度假式育兒」之旅（有關經歷見於《讓孩子翻轉人生的那張機票——父與子闖大馬！數碼遊牧旅居╳國際學校留學》一書，同由格子盒作室出版）。如今，Hugo 成為老師眼中的乖學生，閃閃發光成績優異，我才明白有些孩子只需要給他時間，他們慢慢就會自我修正而漸漸變好。中間的過程，父母都要付出極大的耐性，都要親自好好溝通和了解。

平凡是福，這是我經歷大半生得出的結論。但無論多麼平凡，每個孩子都是獨立的個體，由他有了生命和意識的一刻，我都要尊重孩子的個性和特質。

每個孩子都像一顆獨一無二的石頭。玉不琢，不成器。父母的責任就是好好雕琢兒女。要是遇到很難雕琢的石頭，父母就要花上更大的心力，但毋須過度憂心——有些舉世驚嘆的藝術品，就是源自與眾不同的怪石。

有些孩子是誤診，有些孩子是真的需要幫助，但現代人尋找資訊都是第一時間上GOOGLE。可是，網上的資訊氾濫，充斥不實的文章，可靠性當然遠遠不及嚴謹製作的書籍。

Diane 掛上自己的名字著書，保證是爐火純青的大作。我熟悉的她，永遠是個認真的人。教育心理學家是極難考取的資格，她卻做到了。她當時來台北探望我，說起想出書的心願，事實亦證明她言出必行。這樣的她，在書中的意見都是最專業的建議。

一個個案例娓娓道來，既是別人的故事，也是值得借鑑的經驗。

當父母，陪伴孩子成長的過程，每一天都需要學習。假如有人在育兒路上感到困擾，感到不知所措，我誠意向各位瀕臨崩潰的家長推薦這本書。

買這本書，等如請了 Diane 回家做您的心理顧問！

自序

Diane Lo（戴公主）／本書作者

「你當教育心理學家多久了？」七歲的浩浩問我。

浩浩雖然社交技巧稍欠，但對數字非常感興趣，而且被同學公認為是「數學奇才」。

「快有十七年了！」我笑著答他。

「嘩，十七年！那大約是我歲數的2.42857倍呢！」浩浩驚訝的表示。

我一直沒有刻意數算自己當教育心理學家的日子。有時候，我甚至還以為自己仍屬「初出茅廬」的心理學家。不過經「數學奇才」這一問，我頓時發現，原來自己當心理學家已經不知不覺有十七年的時間！這個數字雖然不算很長，但離初出茅廬委實有點距離了。

回望過去，我發現自己當教育心理學家的心態也有不少改變。

猶記得我起初入行的時候，認為只要有良好的評估和輔導技巧，來見我的孩子和青少年人的問題便會迎刃而解。因此，我花很多時間和心神研究怎樣提升心理學的知識和技巧。

隨著時間流逝和經驗的累積，我漸漸發現人的問題往往非常複雜。

心理學的理論和技巧固然重要，不過……

有時候，家長和老師的參與可以勝於無數次的心理輔導。

有時候，環境及制度的改變才是解決問題的核心。

有時候，縱然當事人已付出很多的努力，但問題仍不能迎刃而解。而我可以做的，便是鼓勵他們學習與問題共存。

有時候，那些來見我的人其實並不需要我幫他們拆解問題。我只要付出時間、耐性和愛心聆聽他們的需要，或者陪伴他們走過一些難捱的日子，那就已經足夠了。

感謝過去這十七年來信任我、讓我陪伴他們面對困難的孩子、青少年和家庭。不知道我在他們的生命中有沒有留下任何正面的痕跡，但我感恩能在生命的路程中遇上他們。

這本書集結了十七篇小故事，也分享了一些關於教育心理學的知識。基於尊重和私隱的問題，本書的故事內容雖以真實個案為藍本，但內容和情節全部經過大幅改動。故事縱有虛構的部分，不過我當中的感受卻是真實和發自內心的。

最後很想感謝不同的單位，讓此書得以面世——

衷心感謝格子盒作室的阿丁，讓我有機會在這書分享過去多年的體驗和得著，感謝她細心的編輯。

非常感激三名替此書寫推薦序的好友，當中包括教育心理學家羅偉柏博士（他同時也是此書的顧問）、資深兒科醫生周芷君醫生，以及香港著名作家天航。沒有他們的相助，根本不會出現這本書，我也為著書中能出現摯友的文字而感到很幸福！

感謝我的家人、朋友們多年來對我寫作上的支持，特別是岳巴、哲哲、妹妹和蛋王子在我寫作路上的支持和鼓勵。

最後，感謝上帝讓我在一個充滿愛的家庭長大，又讓我能夠每天做著自己喜歡的工作！雖然今天父母們已先行回天家，但是因著他們遺下給我的愛，我希望我可以繼續努力把愛傳給每個與我相遇的人。

「如今常存的有信、有望、有愛，這三樣，其中最大的是愛。」

說到底，愛就是這世界最重要的價值。

目錄

You are Precious

每顆都不一樣的小石頭

教育心理學家的日常講談室，
聊聊那些資優、過動、自閉、讀寫障礙……
擁有不同特質的孩子成長心事

1 一名校校長的三次來電

「他成績不好，是因為他懶！我才不相信他有讀寫障礙！」

電話另一端傳來陳校長的聲音。

陳校長是某著名中學的校長，我跟他並不認識。兩個星期前，陳校長的學生偉明因成績欠佳與我會面。經過一連串的評估，我發現他有讀寫障礙。

偉明自小很努力學習，可惜成績往往與付出不成正比。當他得悉自己有讀寫障礙後，反而顯得如釋重負，過去他一直不明白問題所在，如今終於找到原因了。

不過校長知道消息後卻相當不滿，還立即致電給我作出投訴。

「根據偉明父母的形容，偉明一點也不懶啊！只是他閱讀的能力和速度都比別人慢，因此總要花上比別人多的時間，才能完成溫習的內容。這種情況就讀寫障礙的孩子來說是很常見的。讀寫障礙主要是由於先天的緣故，導致默寫和閱讀的能力比別人弱……」我嘗試給校長解釋。

校長卻沒有讓我把話說完：「溫習本來就是一個要花很多時間才能完成的過程！讀寫障礙

根本就是現代人給那些不夠努力去學習的人的一個藉口！」

我再嘗試給校長解釋，卻不果。而我們的對話亦就此草草完結。

掛電後，我感覺自己像是在辯論比賽中落敗的選手。心理學家總是比較擅長聽別人說話，而要跟別人辯論，實在不是我的強項。我心裡暗暗希望和陳校長的對話只此一次。

如我所願，陳校長沒有再致電給我，但偉明的班主任黃老師卻主動聯絡我。事緣黃老師發現班上有另一名同學的情況跟偉明相似，希望我也可以替他進行學習的評估。

結果，評估顯示那位同學與偉明一樣，有讀寫障礙。

不出所料，我因而再一次收到陳校長的來電。

「又是那位校長……」中心同事接到電話，一邊低聲說，一邊把電話遞給我。

「陳校長，我有甚麼可以幫到你？」我嘗試以客戶服務員的口吻打開對話。

「這真是明知故問！你為甚麼令我們學校多了兩名讀寫障礙的學生？」陳校長的語氣聽起來比第一次通電時更加不滿。

「我並沒有令你們的學校增添有讀寫障礙的學生……他們原本已經存在……只是你們不知道……」我結結巴巴的說。

校長繼續雄辯滔滔：「想必你也知道我們這間是名校吧？我們學校的口碑一直很好，報讀我們學校的學生能力都很高。現在因著你的評估，我們學校卻忽然多了兩名有特殊教育需要的學生！這件事傳了開去定必影響校譽！」

「我當然知道你的學校是名校……而且家長對貴校的評價也很高……」

雖然我不是辯論的材料，但這樣下去也不是辦法，校長固然不滿我，可想而知那兩名學生在校內也不會得到適當的照顧。

我深深吸一口氣，鼓起勇氣跟校長說：「你的學校一直在教授能力很高的學生，那些學生天資聰穎，經你們教育後學業有好成績，說到底也不知道是因為你們教得好，還是純粹因為學生本身能力高。不過，如果你們學校面對著天生有讀寫困難的學生，仍然有方法能夠幫助他們克服障礙並且取得好成績，傳了開去，別人都會說你們是一所真正優秀的學校！」

校長一下子楞住，連我自己也楞住了。

這次糟糕了，話好像說得過火了一點……

校長卻緩緩地說：「你這樣說也不無道理。聰明的學生其實不難教，但如果連有特殊需要

的學生我們也能夠教好，這就真的能證明我們實在是一間很好的學校……那麼，麻煩你與黃老師聯絡一下，並跟老師們商討該如何幫助那兩名學生更有效學習。」

於是，我照陳校長的提議，與老師們聯絡並討論支援策略。

後來，我在教職員會議中跟所有老師分享甚麼是讀寫障礙以及相應的教學方法。而那兩名學生亦定期與我會面及接受讀寫訓練。

如是者，校長再沒有打電話給我。

直至一年後的某天，中心同事又一次把電話遞給我並暗笑：

「你的老朋友陳校長又找你了……」

我甚是無奈。那兩名學生的成績於過去一年進步了不少，老師也開始掌握教授有讀寫障礙學生的方法，究竟校長還有甚麼不滿？

「老師發現今年九月的新生名單中，有兩名確診有讀寫障礙的學生。我想再聽聽你的建議，看看如何跟進。還有，早前你在教職員會議中跟老師分享的內容，他們都表示很有用，你可否再來跟大家分享多一些點子？」電話另一端傳來的聲音很友善。

我舒了一口氣，今趟似乎不用再辯論了。

「讀寫障礙」始終是近年才有的概念，對於一些教育工作者來說，還是要多點時間去接受。再者，有些學校雖然對這狀況有認知，卻又未必會認真研究怎樣照顧有相關狀況的學生。我慶幸偉明和他的同學選擇了一所真正優秀的學校。

甚麼是「讀寫障礙」？

曾聽過不少家長和老師分享，因為在他們成長的年代並沒有「讀寫障礙」這個概念，現在當聽到孩子或學生出現這種狀況時，起初或會感到難以接受，一時間未能理解甚麼是讀寫障礙。

讀寫障礙是一種特殊學習困難。有讀寫障礙的人智力正常，但閱讀和默寫能力卻比同齡的人士弱，以致往往未能很準確或流暢地閱讀和書寫。雖然讀寫障礙的確切原因未完全清楚，但有研究發現，有讀寫障礙的人士在閱讀時腦部的運作與一般人有點不同[1]，而遺傳因素的比例估計可高達 80%[2]。因此，普遍學者都認為讀寫障礙大多是先天而非後天因素所致。

根據本港於二〇〇七年的一項研究[3]，估計香港每十個學童當中便有一個被確診為有讀寫障礙；而在確診的個案中，約七成屬輕微程度，約兩成為中等程度，約一成屬嚴重程度。雖然目前尚未有方法根治，但透過不同的訓練和學習方法，有助讀寫障礙人士克服困難、發揮潛能。

1 | Shaywitz, B. A., Shaywitz, S. E., Pugh, K. R., Mencl, W. E., Fulbright, R. K., Skudlarski, P., Constable, R. T., Marchione, K. E., Fletcher, J. M., Lyon, G. R., & Gore, J. C. (2002). Disruption of posterior brain systems for reading in children with developmental dyslexia. *Biological Psychiatry*, 52(2), 101-110.

2 | Schumacher, J., Hoffmann, P., Schmäl, C., Schulte-Körne, G., Nöthen, M.M. (2007). Genetics of dyslexia: the evolving landscape. *Journal of Medical Genetics*, *44*(5), 289-97.

3 | Chan, D.W., Ho, C.S.H., Tsang, S.M., Lee, S.H. & Chung, K.K.H. (2007). Prevalence, gender ratio and gender differences in reading-related cognitive abilities among Chinese children with dyslexia in Hong Kong. *Educational Studies*, 33, 249-265.

寫「鏡字」代表有讀寫障礙？

所謂寫「鏡字」，英文為「mirror writing」，即是把文字反轉或是左右調轉來寫。

不少人都誤以為，如果一名孩子寫鏡字，便代表有讀寫障礙；相反，如果沒有出現這種狀況，就代表沒有讀寫障礙。其實不少三至七歲的孩子還未發展出很成熟的方向感及視覺動作整合的能力，因而有時會把相似的文字混淆或者把文字調轉來寫，那又未必代表他們有讀寫障礙。

再者，寫鏡字只是讀寫障礙的其中一個特徵。其他常見的讀寫障礙特徵還包括：

- 理解文字比理解說話的能力差很多。
- 有很多詞語在說話時懂得運用，卻不懂得寫出來。
- 閱讀速度慢。
- 閱讀文字時欠流暢，有時或會跳行。
- 時常讀錯或忘記讀音。
- 閱讀時很難找出文章的重點。
- 默寫能力弱，默書常常不合格。
- 容易混淆字型或讀音相近的字詞。
- 出現添加筆劃、漏寫筆劃，以及調亂文字部件位置的問題。

· 作文字數不足。

要知道一個人是否真的有讀寫障礙，最準確的方法還是找心理學家作一個詳細的評估。

如果懷疑有讀寫障礙可以怎樣做？

如果出現以上特徵而懷疑自己或孩子有讀寫障礙，可以找教育心理學家／臨床心理學家做評估。心理學家會用一些標準化的測試來評估和判斷受試者是否有讀寫障礙。

由於香港的心理學家數目不多，不少家長都不太清楚可以在哪裡找到心理學家為他們的孩子進行評估。其實大多政府及津貼學校皆有校本教育心理服務，教育心理學家會定期訪校，並為有需要的學生進行讀寫障礙的評估。

通常先由老師觀察學生的表現，然後把懷疑有學習困難的學生轉介給教育心理學家。家長若懷疑子女有讀寫障礙，可以先聯絡學校的特殊教育需要統籌主任、教師、學生輔導人員或社工，然後再看看有否需要轉介到心理學家跟進。

另外，衛生署轄下的兒童體能智力測驗中心、一些非牟利機構與私營機構，亦有提供專業的評估服務。如想核實所找的心理學家是否符合專業資格，可以參考：(1) 香港心理學會教育心理學部或臨床心理學組於網上的心理學家名單；(2) 衛生署「認可醫療專業註冊先導計劃」下的心理學家名冊。

如何幫助有讀寫障礙的孩子？

我們可以透過教育和輔導來提升有讀寫障礙人士的讀寫能力。家長和老師在教導有讀寫障礙的孩子時，可以採用以下的方法：

◇由於約百分之八十至九十的漢字都是形聲字，因此當教導他們學字時，可以特別勾劃字體中「形旁」及「聲旁」，以助他們拆解字的意思和讀音。

◇採用多種感官的教學法幫助他們記字，例如在教導一個新的字詞時，請學生除了「眼看」和「耳聽」外，還配合「口唸」和「手寫」，使學習更有效。

◇協助孩子掌握字型架構的規律，例如：有一些字的結構是分上下的（如：台、忘），有些是分左右的（如：伴、陽），有些則是分外內的（如：園、回）。

◇與孩子進行伴讀（paired reading），以提升他們的閱讀流暢度及興趣。父母只需要每天花大約五至十五分鐘的時間，與孩子一起朗讀書本，持之以恆，便能提升孩子的閱讀準確度、閱讀理解能力及興趣。在學校，老師可以安排學長或是家長義工幫忙與讀寫障礙的學生進行伴讀。過程中，留意以下這些事項：

i．盡量讓孩子選擇他喜愛的讀物，而不強行他們閱讀父母／老師認為有意義的書本。

ii．選擇的讀物不宜太深，建議孩子至少能讀懂當中八成文字。這裡並不需要做一些精準的計算。家長或老師可以翻開書的第一頁，然後請孩子試讀，並看看他／她能否大約讀懂八成或以上的文字便可以了。

iii．伴讀時，父母／老師可以先與孩子同步朗讀。當子女表示有信心自己閱讀時（如直接告訴你或用手勢），可以讓他們單獨閱讀。

iv．若孩子遇到不懂讀的字，不要急於提示他們，可以先停頓並給予時間讓他們猜想字的讀音。若他們猜不到，則可提示他們，例如示範讀音、提供選擇、或是指示他們留意字的聲旁。

◇運用不同的顏色筆來突出字體的筆畫或部首，特別是一些字形相近的字。

◇每天花十數分鐘為孩子進行小量字詞的「讀、默、寫」練習，提高他們的認字能力。當學習一些新的字詞時，有讀寫障礙的孩子往往需要多次重複，才能記住字詞的讀音及寫法。因此安排每天小步子的練習可以令他們對字詞的記憶更深刻。

◇由於有讀寫障礙的學生難以記認大量文字，老師可減少他們的默書範圍、提早給予默書範圍，以及批改默書時用給分而非減分的制度。

2－搏盡無悔，哪怕是別人眼中不可能的任務！

「讀寫障礙可以根治嗎？你認為阿達他日有機會入讀大學嗎？」問題出自阿達的爸爸、媽媽。

阿達的家人，在別人眼中是成功人士——爸爸是一名律師，媽媽是一名會計師，叔叔是一名外科醫生；而姐姐雖然還未畢業，但她正於某英國著名大學攻讀文學。因此，當阿達的爸爸媽媽得悉小兒子有讀寫障礙時，顯得份外難以接受。

「讀寫障礙是先天性的學習困難，暫時還未有方法可以根治，但通過訓練和支援，他們的讀寫能力仍然有機會提升。阿達現在只是小學六年級，將來的事很難說呢，不過……」我瞄一瞄阿達爸媽皺著的眉頭、非常擔心的表情，有點不忍心說下去。

猶記得自己起初成為心理學家的時候，總會鼓勵有讀寫障礙的父母，即使子女有讀寫障礙，也是可以克服跨越並發展所長。一些名人，例如著名藝人湯告魯斯、蘋果公司創辦人喬布斯等，其實都有讀寫障礙，而長大後，他們不也是都非常成功嗎？

不過，隨著這些年我接觸更多有讀寫障礙的孩子，我再也說不出這類振奮人心的話。在我遇過的學生當中，因著讀寫困難以致學習動機低、成績未如理想，以及未能升讀大學的學生，為數不少。

像。

當然，有一些學生最後還是能成功考入大學，但箇中他們所付出的努力，卻非一般人能想像。

不少有讀寫障礙的學生，其讀寫速度比其他人慢，一般人可能用一小時溫習完學習內容，他們或許要花兩至三小時才能完成。有時候，我總覺得一些名人的勵志故事是太美化讀寫障礙這回事，又或是太淡化他們過程中所付出的努力。說到尾，像湯告魯斯和喬布斯這種「雖然有障礙但仍然全球爆紅或能改變世界的人」，若不是萬中無一，也是寥寥可數。有讀寫障礙的學生要考上大學，雖不是「不可能的任務」(mission impossible)，但或許也算是mission difficult吧？

「你們要有心理準備，即使阿達的讀寫能力有進步，也不代表他的讀寫障礙會消失。始終他天生處理文字方面較弱。長遠來說，估計他要花額外的時間和心力，才能應付學習上的要求。」最後我還是選擇把想法直接跟阿達的父母分享，以免他們有美麗的假想。

「明白……」阿達的爸爸低著頭說，「簡單來說，阿達將來要讀大學，還是會比其他人難得多，對嗎？」

「現在下結論言之過早，阿達是非常勤奮的學生，我相信他的努力，可以令他跨過很多挑戰。」我嘗試安慰爸爸。

「既然這問題不會輕易消失，我們就接受他有讀寫障礙的現實吧！」還是媽媽的話最能安撫爸爸。父母二人拖著手離開我的房間。

遇到不能解決的問題時，或許我們只能學習與那狀況共存。

＊＊＊

五年後，阿達已是中五的學生。他於學校接受定期訓練，讀寫能力和成績皆進步了很多，不過處事效率仍較慢。

「同學們只花半小時便能完成的閱讀理解，我要花三倍的時間才能完成。他們都笑我讀書的時候，慢得像樹懶！」阿達聳聳肩。不過由他的表情看來，雖然辛苦又被同學取笑，但他似乎不太介意。

「你看，這個是我新設計出來的發明！」阿達把一個奇怪的模型擺在我面前。那個模型看起來有點像《多啦Ａ夢》中的竹蜻蜓法寶。

「這是甚麼？是多啦Ａ夢的新發明嗎？」我笑著問。

「哈哈，那是我的新發明——『多功能原子筆』！它可以寫字、可以播放音樂，還可以當風扇使用，方便人們一邊寫字，一邊聽音樂及享受涼風！近日我很喜歡想一些新的設計，然後把它造成模型。」阿達對於他的設計似乎非常滿意。

＊＊＊

轉眼又過了五年，此時阿達已是大學四年級的學生。

「快畢業了！『大學五件事』你做了多少件？有拍拖嗎？」我笑著問相識接近十載的阿達。

阿達笑著回應：「哈哈，雖然你早前教導過我用一些輔助科技幫自己提升閱讀速度，但我的閱讀速度仍然很慢。同學們用兩至三個小時完成的習作，我需要大概六至八個小時才能搞定。我的大學生活基本上都是在圖書館中度過，又哪來時間拍拖？」

「同學對於你經常待在圖書館，不感到奇怪嗎？」我問阿達。

「他們覺得我是個書呆子，也不明白我為甚麼要花那麼多時間在學習上。老實說，有時候我也不知道怎樣向別人解釋我有讀寫障礙的情況。」阿達伸伸舌頭。

這麼多年了，阿達仍然是那麼努力的學習。在他身上，我深深體會到大學生通用「潮語」之一——「搏盡無悔」。

雖然阿達現在還未「出 pool」[1]，但認真努力的男生往往最吸引，我相信未來一定會有被阿達迷倒的情人出現。

1—「出 pool」是大學生、年輕人的潮語，即脫離單身、成功拍拖，不再是單身一個人在池（pool）裡浮游，遇上了另一半一起離開池子。

2—搏盡無悔，哪怕是別人眼中不可能的任務！

離開會議室時，阿達問我：「你還記得我在中學時的發明嗎？我在大學期間讀了一些經濟及商學的科目，打算畢業後把那些設計變成真正的產品推出市場。你認為我有機會夢想成真嗎？」

其他人我或許不肯定，但對於這名異常堅毅的男生會否再一次完成這艱巨的任務，我可以肯定的回答：

「我相信你可以。」

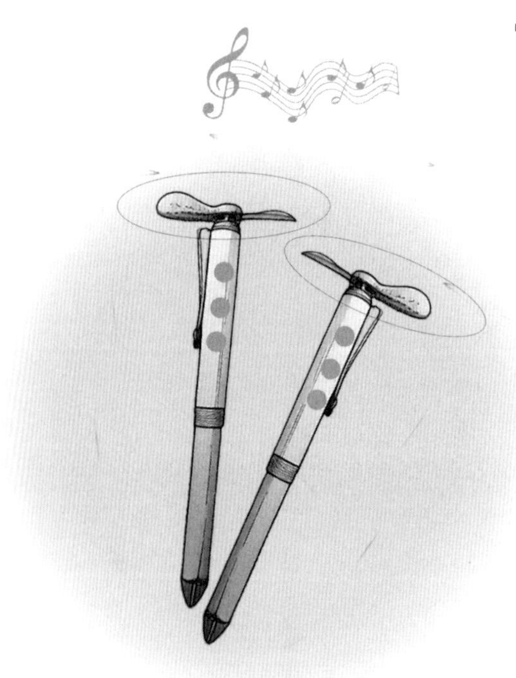

讀寫障礙可以根治嗎？

這個問題是家長經常都會問的問題。目前來說，讀寫障礙暫時未有方法根治，亦不會因兒童成長而消失，但許多有讀寫障礙的成年人也可有效地應對他們的困難。

而隨著科技的進步，有讀寫障礙的人士可以運用不同的輔助技術和應用程式，幫助他們應對學習、日常活動，以及工作上的需要。這些輔助科技包括：

◇語音輸入軟件（speech-to-text software）

如今大部分電腦系統或智能手機都有提供語音轉文字的功能。不少讀寫障礙人士雖然於默寫方面出現困難，但說話表達能力卻完全沒有問題。因此，他們可以運用語音輸入的軟件，把說話輕易轉換成文字。

◇屏幕發聲軟件（screen reader）

屏幕發聲軟件是安裝於電腦上的應用程式軟件，可以把電腦出現的文字讀出來，對有讀寫障礙的人非常有幫助。很多人也許不知道，香港考試評核局現時會容許一些有嚴重閱讀困難的讀寫障礙學生，於公開考試運用屏幕發聲軟件。同樣地，有嚴重書寫困難的讀寫障礙學生，也可以用語音輸入軟件作答。不過，這些特別的安排需要由心理學家評定及作出建議。

◇ 個人化的線上文字軟件

有一些讀寫障礙人士會發現某一些字體、文字的大小、行距，會令他們閱讀時容易一點。現今有一些軟件能允許讀者調整線上文字的外觀，讀寫障礙人士可以運用軟件調整個人化的字體，以便於他們閱讀。

哪些名人有讀寫障礙？

不少有讀寫障礙的人自小都會在日常生活和學習方面遇到各樣困難，甚至給人一種「輸在起跑線」的感覺。不過，透過適當的支援和介入，有讀寫障礙的人士仍然有機會跨過難關並取得非凡的成就。

以下這些名人，雖然有讀寫障礙，但學習上的困難卻無阻他們在社會有傑出的表現——

◇ 湯告魯斯：於七歲時，湯告魯斯被評定為有讀寫障礙。雖然這個情況影響他閱讀劇本的能力，但因著其堅毅的努力，他最終成為荷里活首屈一指的巨星，並在無數大賣的電影中擔當男主角。

◇ 喬布斯：求學時期，喬布斯的閱讀和書寫能力欠佳，但口才卻很好，而且非常有創意。憑著他強大的意志和創造力，他後來創下了無人不曉的蘋果公司，成為科技界的傳奇人物。

◇蕭敬騰：讀寫障礙為蕭敬騰的演藝事業造成許多不便，例如他經常需要由別人給他閱讀歌詞，幸好這些障礙並沒有令他放棄成為歌手的夢想，我們如今才能欣賞到這位著名華語歌手的天籟之音。

◇盧冠廷：提起「陪著你走」這四個字，不少人都會想起香港知名創作人盧冠廷的歌曲。盧冠廷曾經在訪問中分享過，讀寫障礙對他的日常生活影響很大，小時候他甚至連寫自己的名字也有困難。在美國讀大學的時候，老師要求同學們朗讀詩詞，盧冠廷卻問老師可否把詩唱而非閱讀出來。如是者，他創作了人生中第一首作品；而老師和同學的讚賞，讓他明白到自己有創作音樂的能力，繼而慢慢踏上唱作人的路。

◇戴夫皮爾奇：美國著名漫畫家戴夫皮爾奇，由他創作的 *Dog Man*（《超狗神探》）和 *Captain Underpants*（《內褲超人》）全球熱賣、深受兒童歡迎。不過，他在訪問中曾經提及，原來他在童年時因為讀寫障礙，令他經常感到孤單並覺得自己是一個失敗者。他特別鼓勵其他患有讀寫障礙的孩子，希望他們可以記住「每個人總有希望」(There is hope for everyone)。

在以上這些名人的故事當中，我們可以看到一些共通點——讀寫障礙誠然會為患者帶來不同程度上的困擾和不便，但堅毅不屈的性格、無比的意志，以及周遭人的幫忙和接納，都是影響他們最後可否圓夢或者取得成功的重要因素。

3—我的孩子是資優生？

「我們想你替孩子進行智力評估！」父母肯定的對我說。

坐在我前面的是一對父母，他們的兒子輝輝今年六歲。

我有點猶豫：「一般來說，如果沒有特別原因，我們不會刻意讓孩子接受智力評估。智力評估可幫助我們了解孩子的認知潛能，但很多能力例如體藝方面的發展、創造力等，其實無法從智力測驗所測得。你們希望孩子接受智力評估，是有特別的憂慮嗎？」

心理學家不時會為學生進行智力評估。最常見的評估原因，是出於孩子在學習上出現困難，因而需要透過智力測驗來了解他們是否有智力障礙或其他特殊教育需要。於這些情況下，父母帶孩子來跟我見面的時候，通常都會因擔心而面露愁容，但面前這對父母卻顯得異常雀躍。

「不知道這算不算是憂慮。我們發現，輝輝的語言能力很高，具有獨立學習能力，不但好奇心強，而且分析能力卓越……」父母不停列舉輝輝正面的特質，而我隱隱覺得他們的形容，彷彿是從一些有關資優兒童的網頁背下來的。

經過一輪的列舉，面前這對父母總結：「因此，我們最大的憂慮是——輝輝是資優生！而如果他是資優生，我們卻沒有好好栽培他，那將是多麼的可惜！」

其實孩子即使不是資優生，父母也應該好好作出栽培吧？

我再次嘗試向父母解釋智力測驗的限制，以及應避免過分重視測驗結果。由於父母十分堅持，最後我還是替輝輝進行了智力評估。

在測試的過程中，輝輝表現得很專注，即使面對較難的題目，仍然認真及盡力作答。

「我非常欣賞輝輝作答時的態度，他很努力，而且不輕易放棄……」評估後，我跟父母分享觀察和講述結果。然而，我還未分享完，話已經被打斷。

「這些可以省略了。我們只想知道，他是否屬於資優生？」父母急切的問。

我向他們解釋：「輝輝智商的整體標準分數是 114 分，屬於中上級別，百分等級是 82。簡單來說，他的認知能力大約是屬於同齡中的首 18%。」

「所以，輝輝的智商並不是 130 分或以上？簡單來說，他並不屬於資優兒童？」父母顯得十分緊張。

「有些人會把智商 130 分或以上的孩子定義為資優兒童，但這樣的定義較為狹窄與過時。現時大部分資優教育的機構皆認為，資優兒童並不只包括那些智商高的孩子，也包括一些獨創性思考能力，或是在某方面例如繪畫、戲劇、領導或體能有突出表現的學生，孩子如果在某方面有非常突出的表現，也可以被認為是資優生，只是輝輝今天的評估並沒有測試那些能力。」

「所以輝輝是不能夠入 Mensa 了，對嗎？」輝輝爸爸的聲音愈來愈大。

老實說，我對 Mensa 的印象十分模糊。記得一名資優兒童曾跟我提及過，那組織好像只接受智商超高的人做會員，而且有些人會認為入會是一種身分象徵。

「你知道嗎，我自小已經是 Mensa 的會員！我的孩子沒可能不是資優生，更沒可能加入不到 Mensa ！」爸爸愈說愈激動，並開始拍桌怒嗆，「這個結果我不能夠接受，我要求你重新替輝輝做智力測驗！」

我顫抖地說：「除非有特別原因，我們不會隨便替學生再做智力測驗；而且即使重做，也建議在一年後才進行，以免有練習效應。」

這個時候，中心的同事因在房間外面聽到吵鬧聲恐怕我被襲擊而衝入了會議室。見狀，在同事們的邀請下，父母倆憂憂愁愁地離開。我看著輝輝爸爸的背影，心裡甚是無奈。我不知道他的 IQ 是否很高，但他的 EQ 似乎不怎麼樣。

下班後，我接到好友的電話。好友自小成績優異，而且學習及分析能力皆非常卓越。她的兒子今年六歲，和媽媽一樣，他學習、語文及記憶力俱佳，四歲時已經會背化學元素週期表。

好友跟我分享，兒子因為轉數快，所以經常要和他鬥智，老師亦表示孩子很有自己的主見而要多加關注。

想起早上的經歷，我禁不住問好友：「其實你的兒子那麼聰明，你會替他安排進行智力測驗嗎？」

好友有點猶豫：「老師和我們也覺得兒子很聰明，所以平常也會因材施教，例如會容許他有更大彈性和更多選擇，盡量給他一些高階的挑戰等。你覺得進行智力評估對他有額外的幫助嗎？如果沒有，我想還是不要特別標籤他。始終智力測驗只能測試一個人部分的能力。」

不知道好友兒時又有沒有做過智力評估呢？我相信即使沒有，她和兒子的智力也應該相當高吧？一個人聰明與否，有時候或許不用智力測驗來證明，因為從那人日常的言行總能看出一些端倪呢！

Periodic Table of Elements

Group→ / ↓Period	1	2	3	4	5	6	7	8	9	10	11	12	13	14	15	16	17	18
1	1 H																	2 He
2	3 Li	4 Be											5 B	6 C	7 N	8 O	9 F	10 Ne
3	11 Na	12 Mg											13 Al	14 Si	15 P	16 S	17 Cl	18 Ar
4	19 K	20 Ca	21 Sc	22 Ti	23 V	24 Cr	25 Mn	26 Fe	27 Co	28 Ni	29 Cu	30 Zn	31 Ga	32 Ge	33 As	34 Se	35 Br	36 Kr
5	37 Rb	38 Sr	39 Y	40 Zr	41 Nb	42 Mo	43 Tc	44 Ru	45 Rh	46 Pd	47 Ag	48 Cd	49 In	50 Sn	51 Sb	52 Te	53 I	54 Xe
6	55 Cs	56 Ba		72 Hf	73 Ta	74 W	75 Re	76 Os	77 Ir	78 Pt	79 Au	80 Hg	81 Tl	82 Pb	83 Bi	84 Po	85 At	86 Rn
7	87 Fr	88 Ra		104 Rf	105 Db	106 Sg	107 Bh	108 Hs	109 Mt	110 Ds	111 Rg	112 Cn	113 Uut	114 Fl	115 Uup	116 Lv	117 Uus	118 Uuo

Lanthanides	57 La	58 Ce	59 Pr	60 Nd	61 Pm	62 Sm	63 Eu	64 Gd	65 Tb	66 Dy	67 Ho	68 Er	69 Tm	70 Yb	71 Lu
Actinides	89 Ac	90 Th	91 Pa	92 U	93 Np	94 Pu	95 Am	96 Cm	97 Bk	98 Cf	99 Es	100 Fm	101 Md	102 No	103 Lr

甚麼是智力測驗？

不少朋友知道我會替別人做智力測驗也會十分好奇，究竟智力測驗是如何進行的呢？

在香港，有三套分別為幼兒、學童及成人設計的智力測試：

· 韋氏幼兒智力量表——第四版（香港版）（給4歲至6歲11個月的幼兒）

· 韋氏兒童智力量表——第四版（香港版）（給6歲至16歲11個月的學童）

· 韋氏成人智力量表——第四版（香港版）（給16歲至90歲的人士）

三個測驗都是經過嚴謹程序而研發出來的工具，須由合資格的心理學家一對一、面對面施測，時間大概六十至九十分鐘。心理學家會在過程中給受試者不同的任務，例如答問題、看圖片、記資料等，從而推斷出一個人的總智商，以及其言語理解能力、知覺推理能力、工作記憶和處理資料的速度。

有家長曾告訴我，他得悉坊間有機構自稱能在三十分鐘內測試出孩子的IQ，而測試過程是集體或是在線上進行。對於在這麼短時間內測試一個人的智商，而且還不是一對一進行，我聽後是有點存疑。大家如果想接受智力測試，建議還是找一個合資格的心理學家個別進行，結果應該比較可靠。

甚麼是智商？

「智商」，英文簡稱「IQ」（Intelligence Quotient），泛指由標準化測試量度出來的整體認知能力分數。目前主要的智力測驗（例如上述所談及過的一系列韋氏智力量表）計分的方法，都是把受測者的分數，和其所屬的常模作比較，然後得出一個分數及級別。

由於智力測驗的分數是根據常態分布，因此：

- 大概有 68% 的人，智商在 85 至 115 之間。
- 大概有 95% 的人，智商在 70 至 130 之間。
- 智商低於 70 的人士，智力是相對同齡朋輩低。
- 智商達 130 或以上的人士，智力是相對同齡人士高；智力水平大致高於 98% 或以上的同齡人士。

資優如何定義？

傳統上，資優被定義為智商達 130 或以上的人士。不過，於近三十年，大眾對資優的概念已逐漸改變，資優不再只局限於智力測驗的分數，還涵蓋其他能力。說到尾，智力測驗只能反映一個人某方面的能力，結果雖具參考性，卻並不全面。根據香港教育統籌委員會《第四號報告書》[1]，若學生在以下一方面或多方面有突出的成就或潛能，可被界定為有資優潛能：

1 教育統籌委員會（1990）。《第四號報告書》。香港：政府印務局。

◇ 智力經測定屬高水平。

◇ 在某一學科有特強的資質。

◇ 有獨創性思考，能提出很多創新而精闢詳盡的見解。

◇ 在繪畫、戲劇、舞蹈、音樂等視覺及表演藝術方面極有天分。

◇ 有領導同輩的天賦才能，在推動他人完成共同目標方面有極高的能力。

◇ 在競技、機械技能或體能的協調方面有突出的天分。

有需要讓孩子做智力測驗嗎？

智力測驗固然有其作用，能夠幫助我們理解一個人的認知能力，從而安排他／她接受適當的教育或服務，例如智商較弱的學生可以考慮入讀特殊學校。如果孩子或學生有一些特殊教育需要，例如是專注力不足、自閉症等，我們也可透過智力測驗更清楚了解那孩子的認知發展，從而制訂更準確的輔導和教育方向。

不過，智力測驗也有可能為孩子貼上不必要的標籤或增加他們的壓力。因此，我不特別鼓勵家長隨便或純粹因為好奇，而安排孩子進行智力評估。

即使家長認為孩子有可能是資優生，也應審慎考慮是否讓孩子接受智力測驗，當中有幾個原因——首先，如上述所言，智力測試的範圍並不包括音樂、運動、創造力、領導才能等，因此並未能全面反映孩子的潛能。再者，資優生的定義已不再只局限於智商那麼狹窄。最後，若然接受智力測試後孩子的智商未如父母所期望，少不免會帶來失望，甚至會為孩子貼上負面的標籤。

假如家長和老師發現孩子非常聰明，其實最理想的做法是因材施教，這或比盡快安排孩子接受智力測試更為重要。當然，如果一般的支援並不足夠，家長和老師有意安排孩子跳級或是提早入讀大學，那麼進行智力測試也是一個值得考慮的評估方法。

培育資優生有何方法？

◇ 加速學習

安排學生以比平常更快的速度學習傳統課程。加速的多種形式包括：跳級、提早進入大學，以及提早學習某些科目（例如讓本來是五年級的學生選修中學數學課程）。整體來說，研究發現加速學習能夠提升資優生的學習表現[2]。

---

2 | Colangelo, N., Assouline, S. G., & Gross, M. U. (2004). *A nation deceived: How schools hold back America's brightest students. The Templeton National Report on Acceleration (Vol 1)*. Belin & Blank International Center for Gifted Education and Talent Development. Iowa City: University of Iowa.

◇增潤課程

以抽離方式在正規課堂以外進行，例如創造力訓練、領袖才能訓練、某些學科的延伸課程等。

在香港，以下機構或大學有提供給資優生的增潤課程：

· 香港資優教育學苑
· 香港中文大學教育學院資優計劃
· 香港大學教育學院融合與特殊教育研究發展中心
· 香港科技大學資優教育發展中心

◇課堂上老師的支援，可包括：

· 提問一些高階及開放性問題，以激發資優生的思考路向。
· 讓資優生採用自主學習者模式，包括鼓勵學生進行獨立研究，讓他們可以按自己的興趣及能力進行深度學習。
· 安排一些額外挑戰或題目給資優學生，以保持他們學習的動機。

◇ 父母的支援，可包括：

· 多跟資優子女解說道理，避免強行要他們依從規矩卻沒有提供解釋；

· 提供智力上的挑戰，例如安排他們學習一些新穎的東西或是一家人玩智力遊戲；

· 多聆聽其想法，並容許他們跳出安舒區進行實驗。

4－不做功課的天才兒童

「這些功課的題目相當艱深，難怪小智不喜歡做功課。」我翻著一大堆學校社工給我的作業及工作紙，不禁嘆著說。

「但小智可是天才呀！同學都稱他為『天才兒童』，功課應該難不倒他。老師們已到了一個忍無可忍的地步，有些老師甚至認為他心理有問題。你和他談談吧！」學校社工皺著眉頭說。

根據社工提供的資料，小智小學時被評定為資優學生，智商介乎 140 至 150 分。但自從中三開始，他拒絕做功課，令父母及老師非常懊惱。

父母及老師都認為，小智不喜歡做功課與能力無關。父母給我看了數篇小智於網上閒時寫的日記，可看到他的文筆細膩，行文流暢。測驗考試前他鮮有溫習，但仍可考獲不俗的成績。

我與小智第一次會面，他的頭頂及右眼包上了繃帶。

「你的傷勢似乎很嚴重呢，發生甚麼事？」我緊張的問他。

「沒甚麼，昨天踏單車時意外弄傷了。」小智輕鬆地回答。

「你這還上學？應該好好待在家中休息吧？」我感到不解。

「我可以上課呀，只是今天放學後我不能留堂了。我因為長期欠交功課，老師現在要我放學後完成所有功課方可離開。不過，我受傷了，要回家休息。」

不知怎地，我總覺得小智的傷勢雖然看來不輕，但他似乎一點也不擔心，言談間還流露出一點高興的情緒。

一星期後，我再與小智會面，他頭上及右眼的繃帶沒有了，最奇怪的是，除下繃帶後，他一點傷痕也沒有。

「你的傷怎麼好得這麼快？」我感到奇怪。

他鼓起兩邊腮，語氣帶點不滿地回答：「我根本沒有受傷。陳老師懷疑我說謊，堅持要我除下繃帶給她看，終於被識破了。真氣人！」

「你自己說謊在先，還要氣老師識破你？你為甚麼要扮受傷？」我沒好氣的說。

小智低頭不語。

「是因為你放學後不想留下來完成功課，對不對？功課真的那麼討厭嗎？」我忽然想起他因為不用留校做功課的開心表情。

「實在是非常討厭！以前的功課還可以，但現在中三的功課也真的很麻煩，既要用腦袋，花盡腦汁後有時仍未能想到答案；想到答案後，那答案又未必符合老師心中的標準答案。」小智說得有點激動。

「照你這樣說，功課的確是有些討厭，但你不完成功課，既要被老師訓話，又要留堂，那豈不是更討厭嗎？」我問他。

「這些固然討厭，但也不及你付出很多努力後，還是想不到答案或出現錯誤討厭！」小智非常激動地說。

這樣說來，小智選擇不做功課，似乎是因為他害怕失敗或錯誤。付出努力而未能得出完美的答案的確會令人沮喪。與其這樣，倒不如一開始放棄，以免經歷失敗。其實不少資優學生都會有一些完美主義的想法。他們會對自己、他人和事情有很高的要求，而且一旦發現那件事情未能完美地完成，便會寧願放棄。小智或許也是這種情況吧？還是另有原因？

我想起學校社工的話，於是問小智：「我知道你小學時曾做智力評估，你還記得智力測驗的內容嗎？」

我突然轉變話題，小智有一點愕然。回過神後，他回答：「記得一點點吧，畢竟那已是小學時候的事了。」

「那你知道結果嗎？」我問。

「心理學家起初只把結果告知我的爸媽和老師，但我後來偷偷看過那份報告。我語言能力的分數介乎 142 至 151 分，知覺推理的分數介乎 138 至 148 分，總智商介乎 140 至 150 分。」不出我所料，小智對測驗結果有深刻的印象。

「我並沒有把結果轉告他人，但小學老師卻把這事傳開了，令小學同學都稱我為『天才兒童』。後來有些小學同學和我進了現在的中學，因此『天才兒童』這綽號在中學也傳開了。」小智說時有點難為情。

「我終於明白你為何不做功課。」我說。

小智一臉疑惑。

「因為如果你花很多時間和努力做功課，卻仍然有題目想不到答案，那豈不是證明你並非其他人想像中聰明？但如果你不做功課，其他人只會認為你不願意完成功課，而不知道你當中也有不懂的題目。」我說。

小智低著頭沒有作聲。良久後他終於緩緩地回答：「或許你說得對。我討厭那種付出努力後仍然找不著答案的感覺。好像讓別人，也讓自己覺得，自己其實也不外如是。」

「要背負『天才』的名號真的不容易。」我嘆了口氣。

他點了點頭。

「在這兩次的傾談中，我發現你真的很聰明。可是，即使再聰明的人，成長的過程中總會遇到一些要花很多心力才能解決的難題，甚至會遇到一些解決不了的問題。這不代表你變得不聰明，只是代表你開始長大了。而真正聰明的人，會在成長的過程中學會謙虛，學會不恥下問，學會享受解難的過程，學會付出努力後不去介懷最終答案是否完美。我想，或許是時候，你要由『天才兒童』變成『真正聰明的人』了！」我嘗試鼓勵他。

一星期後，社工興高采烈的告訴我：「小智這幾天居然主動做功課！雖然不是所有功課他都願意做，但總算是一大進步！你究竟對他說了些甚麼？」

我微笑道：「也沒說甚麼，只是我想他比以前的自己更聰明了。」

天才也有煩惱？

不少父母會期望自己的孩子是「資優生」或是所謂的「天才兒童」，並且誤以為若然孩子是天才，成長路上便會一帆風順。其實資優生和一般孩子一樣，會在成長的過程中遇到不同的挑戰和難題，甚至會因為他們的資優特質而出現或經歷一些特殊需要和問題：

◇ 完美主義

不少學者皆指出，完美主義乃資優生常見的特性。這種特性令他們對自己有很高的要求，並且在不同的事情上也力求進步。另一邊廂，這種特性也會帶來一些負面影響，例如因過度追求完美而影響工作效率、因害怕失敗或不完美而拒絕嘗試，以及寧願選擇簡單易做的事情而不願接受新挑戰。

◇ 未能與同輩建立關係

由於資優生的認知能力和同齡孩子不同，他們或會較難融入群體當中。一些常見的問題包括：容易被其他人覺得囂張跋扈或喜歡「話事」、在同齡朋輩中較難找到朋友而感到孤獨，以及因其他人不了解自己的論點而感到沮喪。

◇ 難以接受自己的弱項

每一個人都會有其強項和弱點，但對於資優生來說，他們強弱項中間的差異或會特別大。例如，一名六歲的孩子在認知發展方面已達十歲的水平，但大小肌肉的發展卻和同齡朋輩相若。在如此情況下，他們或會出現一些不安的情緒，例如不明白為甚麼自己在語文和數學課上表現得很出色，但在上體育課時卻不能有同樣的表現。有些孩子甚至會因為難以接受自己的弱點，而開始逃避那些自己做得比較差的活動，例如完全放棄參與體育活動。

如何對應資優生的情意及社交需要？

就以上的情況，父母和老師可以運用以下方法對應：

◇以學習為目標

鼓勵資優生以「學習為目標」，而並不是以「表現為目標」。心理學家提出兩種不同的學習目標取向[1]，分別是：

- 以「學習為目標」：以增進自己的能力為目標，注重學習的過程與進步。
- 以「表現為目標」：以結果（例如考取好成績）、做得比別人好，以及避免被別人批評為目標。

1 | Dweck, C. S. (1986). Motivational processes affecting learning. *American Psychologist, 41*(10), 1040-1048.

父母和老師可以在教導資優生的過程中，多強調箇中的學習過程，以及鼓勵只要盡力便足夠的態度。另外，父母和老師也可安排他們嘗試進行不同的活動，特別是一些他們不擅長或者可能會失敗的項目，鼓勵他們享受當中的過程，並讚賞他們積極投入的態度。這樣做能夠讓他們明白，有些事情即使未能達至完美的結果，但沿途風景也可以是很美麗的。

◇擴闊交友圈子

調整對交友的想法，並引導孩子明白並非一定要在同齡的圈子中結識朋友。

一般來說，我們會期望自己或孩子跟同齡／同輩人士做朋友，但對資優生來說，擁有相近興趣和能力，或會比年紀是否相近更為重要。因此，家長和老師可多鼓勵他們接觸不同年齡但興趣及能力相近的人作伴，並在過程中教導他們友誼無分年紀。

◇閱讀輔導

透過閱讀輔導的方法，讓資優生更了解自己的特性。

父母和老師可以與資優生一起閱讀一些名人傳記，或是與資優生有相近特質的人的故事。透過閱讀輔導，孩子能更明白自己的需要和特質，以及從別人的故事了解到每個人都有自己的強弱項。

5—晚餐只吃肉醬意粉

「每天晚餐，他只會吃肉醬意粉……」方方的媽媽告訴我。

方方是一名四歲的小男孩，當天是他和媽媽初次來見我。

就著一些新的個案，中心同事通常會於家長登記的時候，略略問一問家長今次約見心理學家的原因。而這位媽媽的答案令同事們和我都感到一頭霧水：「其實也沒甚麼問題，就是想來見見心理學家。」

我心裡冒起了很多問號。如果沒有問題，根本就不用約見我？

甫見面，媽媽便開始連珠炮地分享方方的情況以及她的看法。

「根據老師的觀察，方方的社交技巧比其他小朋友弱，但他並不是沒有朋友的，班上有一、兩名比較安靜的同學也是他的朋友。因此，我認為這不是問題。」對於媽媽這說法，也不無道理。有些人未必有很多朋友，但有幾個知己便已經心滿意足。

媽媽繼續分享：「方方對聲音很敏感，例如會在農曆新年的舞獅表演時表現得很驚慌。我也會盡量避免帶他出席嘈雜的場合，又或者於那些環境下幫他戴耳塞。因此，我認為這也不是

問題。」

有些孩子會因聽覺敏感而無法承受人多嘈雜的環境，媽媽這個做法相當聰明，而且也能配合方方的感官需要。

「另外，方方一旦喜歡上一樣東西，便很容易沉迷，例如他很喜歡任何與星球有關的東西。而三個月前，他於晚餐吃過肉醬意粉後便深深愛上。自此，每天晚餐，他都只吃肉醬意粉。不過肉醬意粉也不是那麼難烹調出來，因此我認為這也不是問題。」

媽媽這番話令我想起《聖經》裡記載，以色列人離開埃及後有四十年時間在曠野每天吃「嗎哪」的故事。既然以色列人也可以天天吃嗎哪，方方天天吃意粉，或許真的不是問題？

不過，方方社交技巧弱、對聲音敏感，以及有偏執的行為……這些全都是自閉症譜系的常見症狀。於是，我替方方進行詳細的評估，發現他除了這些情況外，還有很多其他自閉症譜系障礙的症狀，例如不太懂得看別人的臉色和情緒、有一些重複的行為、與別人交談時不保持眼神接觸等。

我跟媽媽分享評估結果，媽媽卻是出奇地冷靜：「其實之前方方已見過兒童精神科醫生，醫生也認為方方有自閉症譜系障礙，並且建議我們安排他接受密集式的行為訓練。」

聽到這裡，我內心冒起了更多的問號。既然已經知道孩子的問題，為甚麼不一早說明呢？她這樣做是想考驗我的專業判斷嗎？還是想我替孩子進行密集式的行為訓練？

「那麼，你是希望我替方方進行行為訓練嗎？」我問方方的媽媽。

「不用了……我已決定不會讓方方接受任何訓練……」她忽然哭起來，「他的問題我都能解決，所以他根本沒有任何問題。你們為甚麼夾硬要說他有問題呢？」

事情水落石出。媽媽安排方方來見我的原因，就是要證明方方沒有問題。要接受自己的孩子有特殊教育需要，實在不是一件容易的事，而且媽媽之前說的話也不無道理。

我一邊遞上紙巾、一邊說：「方方雖然社交能力較弱，但卻有自己的好友，他對聲音敏感，但只要迴避那些情況，又好像問題不大。不過，關於他只吃肉醬意粉的狀況，我認為還是要處理的。」

我繼續解釋：「我們於生活中或許會遇到大大小小的狀況。有些狀況需要處理，有些狀況或許不需要理會。至於哪些狀況被定義為問題，或者哪些狀況需要處理，我覺得很視乎會否嚴重影響那人自己及其他人的生活和情緒。」

「言下之意，你覺得方方於晚餐時只吃肉醬意粉，會很影響他的發展及其他人？因此需要積極處理？」媽媽問。

「我不是營養師，但晚晚只吃肉醬意粉，感覺飲食是不太均衡吧！至於有沒有影響其他人，或許你會比我更清楚。」

媽媽的淚水又開始流下：「實不相瞞，爸爸並不喜歡吃肉醬意粉，但方方卻會因為晚餐吃不到肉醬意粉而發脾氣。其實我可以額外煮其他東西給爸爸吃，但我的工作也頗為繁忙，放工後實在沒那麼多時間，結果這陣子全家人經常都吃肉醬意粉為晚餐，爸爸為了這件事和我爭吵過很多次，說我不應該這樣遷就方方而每天給他煮意粉。前幾天，爸爸更搬到奶奶的家，他說他不希望天天吃意粉，還吵著再這樣下去要跟我離婚……」

正視問題實在需要很大的勇氣。不過，有些問題，逃避始終解決不了，甚至會製造更多的問題。

經過一番掙扎，媽媽終於讓方方接受行為訓練。

後來，方方也不再只吃肉醬意粉作晚餐了；不過至今我每次看到肉醬意粉，還是會想起他，以及那位最終願意勇於面對問題的媽媽。

甚麼是自閉症？

自閉症譜系障礙（簡稱「自閉症」）是一種發展障礙。

根據美國精神醫學學會的診斷準則（2013）[1]，自閉症的表徵主要有以下兩方面，並因為這兩方面的情況，而於社交、學習及其他方面帶來很大的困擾：

（一）社交溝通和社交互動的障礙

一些常見的症狀包括：

·與別人溝通時未有展現恰當的眼神接觸及身體動作。

·未能共享興趣或情緒。

·未能主動與別人互動及回應。

·交談技巧較弱。

·於交友過程出現困難。

·對同輩不感興趣。

（二）狹窄或重複性的行為、興趣或活動

一些常見的症狀包括：

·不斷重複某些刻板的行為或言語。

1 | American Psychiatric Association. (2013). *Diagnostic and Statistical Manual of Mental Disorders* (5th ed.). Arlington, VA: Author.

・十分堅持某些常規或做法。

・過分沉迷一些狹窄或不尋常的興趣。

・有異常的感官反應，例如對聲音或某些質感特別敏感。

有自閉症的人士都喜歡躲在一個角落嗎？

談到自閉症，不少人也會聯想到那些與其他人沒有眼神接觸、喜歡自己坐在一個角落而不願意與其他人交往的人。

不過，其實自閉症全名為「自閉症譜系障礙」。所謂「譜系」，意指自閉症人士的個別差異可以很大，而且雖然同被形容為自閉症，但他們個別的能力和徵狀也可以很不同。

學者 Wing & Gould (1979) 經過長期的觀察，發現可以根據自閉症孩子的社交互動性，而把他們大致分為三種類型，分別是：冷漠型、被動型，以及主動但奇怪型[2]。

◇ 冷漠型

這種自閉症人士比較喜歡獨自一人，即使和其他人隔離或者自己坐在一個角落也可以十分享受。整體而言，他們對別人較為冷漠。

2 | Wing, L., & Gould, J. (1979). Severe impairments of social interaction and associated abnormalities in children: Epidemiology and classification. *Journal of Autism and Developmental Disorders*, *9*(1), 11–29.

◇被動型

這種自閉症人士顧名思義於社交溝通過程中比較被動，但有時候他們心裡也渴望跟別人交往，只是欠缺恰當的社交技巧。只要在別人的帶領及邀請下，被動型的孩子也可以和其他孩子一起玩遊戲及投入於群體活動中。

◇主動但奇怪型

這種自閉症人士會主動與別人溝通，但因為他們的社交技巧較弱，因而有時會給人一種奇怪的感覺。例如有一些有自閉症人士會只顧說自己喜歡的話題，而忽略其他人的想法和情緒，繼而令到別人覺得他們有點怪。

總的來說，不是所有自閉症人士也喜歡獨自一人。在我接觸的個案中，有不少自閉症人士的心底裡也是非常渴望能夠與別人溝通和相處的。

如何幫助有自閉症的孩子？

目前就自閉症的治療方法，主要是從行為訓練、社交認知策略及教育著手。

◇行為訓練

行為訓練主要是透過分析行為出現的前因和後果，再配以獎勵的方法及重複練習的方式，讓有自閉症的孩子掌握不同的技巧。「應用行為分析學（Applied Behaviour Analysis, ABA)」是其中一種常見的行為訓練模式，有不少研究都發現這個方法對有自閉症的孩子相當有效[3][4]。一般來說，訓練愈早開始，並且愈密集，孩子的進步也會較明顯。

◇ 認知行為／教學策略（Cognitive Behavioural / Instructional Strategy）

這種策略除了教導孩子恰當的行為，也會引導孩子檢視自己的想法和情緒，然後使用循序漸進的步驟來提升他們的自我意識和自我管理的能力。研究顯示這策略能幫助有自閉症的孩子調控自己的情緒和行為，以及助他們更容易掌握不同的社交及學習技巧[5]。

---

3 | Lovaas, O. I. (1987). Behavioral treatment and normal educational and intellectual functioning in young autistic children. *Journal of Consulting and Clinical Psychology, 55*(1), 3.

4 | Howard, J. S., Sparkman, C. R., Cohen, H. G., Green, G., & Stanislaw, H. (2005). A comparison of intensive behavior analytic and eclectic treatments for young children with autism. *Research in Developmental Disabilities, 26*(4), 359-383.

5 | Steinbrenner, J. R., Hume, K., Odom, S. L., Morin, K. L., Nowell, S. W., Tomaszewski, B., Szendrey, S., McIntyre, N. S., Yucesoy-Ozkan, S., & Savage, M. N. (2020). *Evidence-based practices for children, youth, and young adults with autism.* The University of North Carolina at Chapel Hill, Frank Porter Graham Child Development Institute, National Clearinghouse on Autism Evidence and Practice Review Team.

◇ 教育

父母和老師在教育有自閉症孩子的過程中，可以參考以下的方法：

- 給予指示或講解概念時，盡量運用直接、具體和明確的字眼，並且多運用視覺訊息和圖像，幫助他們理解概念。不少有自閉症的人士處理具體和視像訊息的能力會比處理抽象和語言訊息的能力強。因此，除了口頭解說外，父母和老師也可以多用圖像和實物幫助有自閉症的孩子學習。
- 不少有自閉症的孩子都有獨特的強項和興趣，例如有些孩子特別喜歡巴士、數學或歷史。如果父母和老師能在他們學習的過程中恰當地運用那些興趣，會大大提高他們的學習動機和成效。例如，若孩子十分喜歡巴士，父母和老師便可在孩子展現恰當的社交技巧時，以巴士玩具模型獎勵他。
- 一般孩子在自然環境中會觀察其他人的社交互動，繼而學懂怎樣和其他人相處。例如，當在快餐店看到有人插隊，孩子或會觀察其他人怎樣回應，從而模仿其他人的行為。而有自閉症的孩子則較少觀察這些社交行為。因此，父母和老師可以透過直接的示範及角色扮演，來教導孩子在不同的社交情境下可如何應對。

6｜秘書林小姐

「謙謙於做功課時經常做白日夢，而且也容易受環境影響而分心。」林小姐告訴我。

謙謙是一名小學二年級男生，他因為被老師懷疑有專注力不足的問題，所以被轉介至我的中心作評估。

進行評估前，心理學家大多會先與學生的家長交談，了解個案的背景資料以及日常狀況。中心同事邀請了謙謙的父母在進行評估前與我面談，最後父母卻安排了林小姐來與我會面。

林小姐是謙謙爸爸的私人秘書。

「林小姐，不好意思，在你詳細分享以前，可否先讓我知道，為甚麼謙謙的爸爸、媽媽沒有親自前來？」

我以往也曾遇過父母不能夠親自出席的個案，但他們大多會安排祖父母或其他熟悉孩子的親戚來見面。跟私人秘書談別人的孩子，感覺總是怪怪的。

林小姐尷尬地回答：「鄭先生、鄭太太是大忙人，謙謙每天放學後的日常情況，基本上都是由我跟進。我每天會確保謙謙完成所有功課和溫習才放工，所以就著他的專注力問題，鄭先生和鄭太太都認為我的觀察或許比他們更準確。」

原來如此。

林小姐開始非常詳細地描述謙謙的狀況，包括他如何難以於做功課及溫習時維持專注，以及於日常生活中經常忘東忘西。若果事前我不知道林小姐的身分，想必會誤以為她是謙謙的媽媽。

與林小姐見面後，我替謙謙進行專注力評估。一如林小姐形容，謙謙在進行不同的習作時樣子猶如「夢夢」般，我亦需要經常重複題目他才可接收到指示。另外，他看似很沒自信，而且很不快樂。與我談天的時候，也總是望著地板。

最後，評估結果顯示，謙謙的智力正常，但專注力異常地弱。

中心同事再一次聯絡謙謙的父母，邀請他們到中心來聽評估結果。雖然同事再三叮囑父母要親自前來，但最後出現的，還是秘書林小姐。

這次，我卻堅持要待父親或母親出現才會分享結果，於是林小姐匆匆致電鄭先生和鄭太太。

謙謙的媽媽於半小時後終於現身。

「不好意思，可能我沒聽清楚，所以不知道原來聽評估結果要親自來。不過，老實說，關於謙謙的事情，你告訴林小姐便是了，她比我更熟悉謙謙的情況，而且我和爸爸的工作非常繁忙。」媽媽的說話也頗為坦白。

我跟謙謙媽媽解釋：「評估結果始終牽涉你孩子的一些私人狀況，我還是直接告訴你會比較恰當。再者，是次測試發現謙謙的專注力比一般人弱，我覺得你應該要知道他的狀況。」

媽媽以老闆娘的口吻說：「明白，我在網上也了解過這種情況。無論如何，你以後替我繼續跟進他的情況，直至他專注力沒有問題，你再向我匯報吧！」

我無奈地回答：「我可以替謙謙進行一些行為訓練及輔導，這些方法都能夠令謙謙的專注力有所改善。不過，家長和老師的支援也十分重要。另外，我亦希望轉介謙謙去精神科醫生那裡跟進一下……」

媽媽沒有待我把話說完，便斬釘截鐵的說：「我們不會讓謙謙去見精神科醫生。其實爸爸和我之前已經在網上看過關於專注力問題以及藥物治療的資料。我也不瞞你，爸爸是某集團的老闆，在社會上有些地位。他已經明言，即使孩子有專注力問題，也不會讓他見精神科醫生和吃藥。萬一被別人知道了，他擔心會影響他的名聲。」

雖然研究顯示藥物治療能改善專注力不足的情況，但不少家長也會有點抗拒，而最常見的憂慮便是藥物會否帶來副作用。不過，就謙謙的情況而言，他父母最擔心的似乎還是自己的聲譽？

「那麼，你們會把謙謙的情況告訴老師嗎？學校若果知道他的情況，或者可以作出一些支援。」我暫時把話題轉離藥物治療。

媽媽又一次肯定的告訴我：「這個也不會了。謙謙就讀的是名校。老實說，爸爸和我也觀察到他不是讀書的材料。若爸爸不是舊生，謙謙根本沒可能會被收錄。老師已經多次反映謙謙的程度跟其他同學相差很遠，並且暗示我們要為謙謙考慮轉校。若然我們現在告訴老師他有專注力問題，豈不是更加會被勸喻離校？爸爸已經說過，無論如何也不能讓謙謙轉去一些較差的學校，傳了出去會令我們在朋友圈中難以立足。」

原來如此。

謙謙的專注力問題似乎不只影響他的個人學習，也影響著爸爸甚至一家人的名聲。爸爸媽媽除了因為忙碌的緣故不願意來見面，另一個原因或許是因為想逃避問題，不想接受兒子不如自己期望吧？

由於我出生自一個非常普通的家庭，對於這些上等人的狀況不完全理解，也不能完全認同。不過，既然媽媽安排謙謙繼續接受行為訓練，我也務必盡我所能去完成這件事。

如是者，謙謙在林小姐的陪同下，繼續在我的中心接受輔導。

有一天，輔導完結後，林小姐悄悄跟我說：「Diane，可否跟你談一談謙謙的情況？」

進入會議室後，林小姐繼續說：「謙謙有一個弟弟，弟弟非常聰明而且成績很好，因此鄭先生和鄭太太都很寵弟弟。相反，謙謙自小被認定是差生及失敗者。或者我這樣跟你傾談是有點多事，但我十分同情謙謙，而且也覺得父母為了自己的名聲而不讓兒子見精神科醫生不太恰當。你可否再跟鄭太太談談謙謙的情況？我認為鄭先生的態度是不會改變的了，但鄭太太心底裡其實很疼謙謙的。」

林小姐這番話也是我的心聲。於是，我鼓起勇氣，再次聯絡謙謙的媽媽。

「上次見面的時候，我不是已經告訴過你，我們是不會讓謙謙看醫生和考慮藥物治療，也不會告訴老師或讓謙謙轉校嗎？」老闆娘的口吻再次出現。

「沒錯，但謙謙經輔導後專注力的情況只是稍有改善。因此，我覺得你應該重新考慮。」我嘗試解釋，「我看得出你是十分疼謙謙的。雖然你工作很繁忙，但最後還是選擇了再次來到中心與我詳談謙謙的情況，這證明你是多麼的著緊他。我知道謙謙的情況或會令爸爸和你在朋友圈中承受輿論和壓力，但我覺得別人的閒言閒語，始終不及謙謙的成長重要吧？」我也不知道這樣說是否有點太直接或太多事，只希望這番話不會引來反效果。

＊＊＊

我再次與謙謙會面的時候，已經是兩年後的事了。我幾乎認不出他來。面前這個自信而滿臉笑容的男生，真的是謙謙嗎？

「那次和你見面後，我帶了謙謙去見精神科醫生，並接受藥物治療。治療效果非常好。我們也安排他轉讀了一間沒甚名氣但很包容的學校。他現在成績優異，只是老師留意到他的閱讀速度比較慢，因此建議我再帶他來見見你。」媽媽告訴我。

原來如此。

但我心裡還是有一個疑問。

「你今天不用工作？林小姐好嗎？」希望林小姐不會被認為是太多事而被辭退吧。

「林小姐正忙著處理我先生的其他事務。而且，我現在只是兼職工作。有些東西，始終不及孩子的成長重要。」媽媽微笑著答。

雖然我很喜歡林小姐，而且也認為她的辦事能力很高，但望著謙謙掛著笑容的表情，我想陪伴孩子成長的工作，父母也實在是無法外判給別人吧。

甚麼是AD/HD？

談到AD/HD，不少人的印象是「坐唔定」、「郁身郁勢」，十分多動。AD/HD（即Attention-Deficit/Hyperactivity Disorder），中文全名為「專注力不足／過度活躍症」，共有三種不同的類型：

◇ 專注力不足型

主要狀況為專注力比同齡人士弱，以致或會出現以下症狀：

· 常常沒辦法注意細節，做學校功課或其他工作時，常粗心犯錯。
· 做事、玩耍、活動時，沒辦法持續專心。
· 別人向他／她說話時，好像沒聽到。
· 不能依循指示貫徹始終，不能完成指定工作。
· 做事、活動時，常常雜亂沒有條理。
· 常常躲開、不喜歡、或不情願去面對需要花心思持續努力的工作。
· 工作或活動中需要的東西，常常丟三忘四。
· 很容易受到外界的刺激而分心。
· 常常忘記每天該做的事情。

有以上種情況的人雖然專注力稍欠，但很多也能保持安坐，而且自控能力也不太差。

◇過度活躍及衝動型

主要情況為活動量過多及經常出現衝動行為，但相對地專注力問題未算嚴重。常見的症狀包括：

- 常常手腳扭動，在座位上蠕動不安。
- 在課堂上或其他應該坐著的場合，經常離開座位。
- 在不恰當的時候亂跑亂爬（或是感覺沒辦法安心坐著）。
- 在玩耍或參與休閒活動中，很難安靜。
- 好像上了發條似的停不下來。
- 不停的說話。
- 常常在問題還沒有問完，就搶著回答。
- 常常沒耐心排隊、等候。
- 常常打斷別人、或干擾別人。

◇合併型

顧名思義，這類型的人士不但專注力較弱，而且同時也表現得很活躍。

怎樣才知道自己或孩子是否有 AD/HD？

我經常聽到朋友問這個問題。首先，如果你發現自己或孩子出現很多上述的症狀，那並不一定代表你有 AD/HD，你可以先問問自己以下這些問題：

· 這些症狀是否於七歲或以前已經出現？

· 這些症狀是否於不同情境下，例如學校、家中或工作中也會出現？

· 這些症狀有否造成社交、學習或就業的障礙？

一般來說，AD/HD 的症狀自小出現。曾聽說有媽媽朋友告訴我，她生小孩後覺得自己專注力變得有問題，由於這種情況並非自小出現，因此其情況或者與照顧孩子太操勞而非與 AD/HD 有關。

另外，有些家長也曾告訴我，他們的孩子在家中很活躍，但在學校卻表現得很專注和能保持安坐。這樣的孩子也不像有 AD/HD；或者即使有，情況也未必太嚴重。因為最典型的 AD/HD 個案，是在不同的情境下也會出現專注力問題或多動的情況。

如果就上述三條問題，你也回答「是」，你可以考慮先找心理學家做評估測驗，看看專注力和自控能力是否較同齡人士弱。心理學家或許會請你或孩子身邊的人也提供一些資料，例如詢問學校老師或補習老師關於孩子的日常生活、學習及社交情況。心理學家評估完後，會判斷是否需要再轉介精神科醫生跟進。

如何幫助有 AD/HD 的孩子？

藥物治療及行為治療可以有效幫助有專注力不足／過度活躍症的人士[1][2]。

如果孩子是六歲以下，行為治療大多是首選的方案。如果孩子是六歲以上，而徵狀較嚴重或是於行為治療後仍未有太大改善，醫生或者會建議藥物治療，或是行為治療配合藥物治療。

除行為治療及藥物治療外，建立良好的親子關係、以及老師有效的支援方法，也能對有專注力不足／過度活躍症的孩子帶來正面的幫助。

父母及老師可以透過以下方法幫助孩子適應日常及學習生活：

◇ 設定學習的常規

在家中設定學習的地方，並訂立功課或溫習的時間表，讓孩子習慣有規律的生活。

---

1 | Mechler, K., Banaschewski, T., Hohmann, S., & Häge, A. (2022). Evidence-based pharmacological treatment options for ADHD in children and adolescents. *Pharmacology & therapeutics, 230*, 107940.

2 | Peterson, B. S., Trampush, J., Maglione, M., Bolshakova, M., Rozelle, M., Miles, J., Pakdaman, S., Brown, M., Yagyu, S., Motala, A., & Hempel, S. (2024). Treatments for ADHD in Children and Adolescents: A Systematic Review. *Pediatrics, 153*(4), e2024065787.

◇教導孩子專心完成功課或溫習

可以教導孩子每次做功課、溫習的時候，依從以下步驟：

- 檢視一下桌子，先把不必要的用具收拾妥當，減低騷擾。
- 把要做的功課或溫習的內容以清單形式列出。
- 按部就班處理清單上的工作，並在完成後於項目旁打勾。
- 檢查自己會否有未完成或漏做的習作。

◇小步子學習

把沉悶、冗長的工作，分開數次完成。在過程中，給孩子短暫而適當的休息時間。

◇獎勵計劃

父母／老師師可以與孩子訂立明確可行的目標行為，例如「每天抄齊手冊」、「上課期間保持安坐」；若孩子成功達標，便給予具體獎勵或讚賞。（關於「獎勵計劃怎樣實行？」，可參閱本書 p.125-127。）

◇給予清晰指示

給予指示時，用字要盡量簡潔清晰，並以具體和正面的字眼告訴孩子該怎樣做。在給予指示後，讓孩子複述一次，確保孩子明白。

◇處理不適當行為

保持冷靜，並讓孩子明白他要為自己的行為負責，例如孩子因為亂跑亂跳而令房間變得凌亂，他必須及後自己收拾。

◇課堂安排

· 可考慮安排學生坐在課室較前的位置，或是安排他遠離門窗的座位，以減少外界刺激令他分心。

· 安排一些特備的任務給學生，例如幫助老師派習作紙，增加他們對課堂的參與。

· 如學生難以持續專注，需要時可把習作拆細、分時段完成，或容許他多一些時間完成。

· 當察覺學生開始分心時，可呼喚他的名字或向他發問，幫助他重新專注。

7—愛大笑的小男孩

「我那麼努力教導學生，但他們究竟得著了甚麼？」午飯的時候，我收到朋友的短訊。

朋友在特殊學校任教，學生大部分是中度及嚴重智障的學生。她跟我分享，有幾個學生她雖然已經教了兩年，但基於他們有限的理解能力，學習進度非常緩慢，她因而有點灰心氣餒。

對於朋友的感受，我可以理解。

智力障礙主要分四個程度——輕度、中度、嚴重以及極度嚴重。有輕度智障的人士，雖然認知和學習能力較同齡弱一點，但一般來說，只要多重複以及給予適當的支援，仍然可以理解很多不同的知識和概念。如果智力障礙的程度是中度至極度嚴重，他們可以理解及掌握的概念相對較少。因此，朋友或許已經付出很多時間和心力，但最終她的學生也還是未能明白學習內容。這樣的付出，換來的究竟是甚麼？也真的是一個問號。

我的思緒被同事忽然打斷。同事告訴我：「今天下午你有一個新個案，是一名四歲的小男孩。他比原定時間早了一點到達我們中心，現在於接待處玩耍。」

我悄悄把門打開了一點，想嘗試從門縫觀察小男孩的舉動。小男孩正在玩火車模型，而且看似玩得很開心。但不知怎地，我總覺得整個畫面有點不尋常。

我把門再打開了一點，想嘗試聽聽小男孩的聲音。他正一邊玩、一邊大笑……可是，我也不知道以「大笑」形容眼前的他是否恰當。因為雖然他臉上掛著「大笑」的表情，然後身體動作又表現得很雀躍，但他笑的時候並沒有發出任何聲響，感覺就像默劇中的人物一樣。

我邀請小男孩的爸爸媽媽進到房間，傾談孩子的情況。

「小白今年已經四歲了，但他既不會說話，也甚少發聲。即使是笑的時候，基本上也沒有甚麼聲響。只有哭的時候才會發出一些聲音。」爸媽告訴我。

我替小白進行評估，發現他有一些自閉症症狀，同時亦有中度智力障礙。他的自理能力很弱，吃飯的時候需要別人餵飯，尚未懂得上廁所而需要用尿片。小白能夠聽懂一些簡單的指令，例如「拍手」，但對很多概念例如顏色、形狀和大小，並未能掌握。他的眼神接觸和社交技巧亦很弱。

根據他爸爸媽媽形容，小白大部分時間都活在自己的世界裡。

小白爸媽得悉評估結果後，表現得十分傷心。我跟他倆解釋，小白可以去特殊幼兒中心接受不同的訓練，透過訓練可提升他的語言、社交以及自理能力。

小白爸媽卻問我：「除了去特殊幼兒中心外，你可以繼續替小白進行行為訓練嗎？」

對於他們的請求，我是有一點猶豫。一方面，特殊幼兒中心已可以提供不同的訓練，例如言語治療、社交訓練等。當然，訓練總不會嫌多，所以如果小白爸媽堅持的話，我也很歡迎小白同時在我的中心接受訓練。

另一方面，以小白的情況，坦白說，即使他接受再多的訓練和教育，估計進展還是會比較緩慢。換句話說，儘管我給予大量的時間和心思跟進他的情況，最後他還是有可能連我也不認得……

我瞄一瞄小白……

他又掛著「大笑」的表情在把玩玩具。雖然他不會說話，但似乎很愛笑呢。

我又再瞄一瞄爸爸媽媽……

看著他們傷心的樣子，雖然不知道訓練的成效有多大，但我忽然覺得有一個感動，很想陪伴他們走未來的路，不管那可能是一個月，或是三個月，或是一年……

「我也不知道小白經訓練後會否有多少改變，但你們繼續帶小白來我這裡接受訓練吧。首先，我希望你們可以把家中的日常用品拍照，我會先教授小白記認日常用品的名稱。」

＊＊＊

轉眼間，小白六歲了。

過去兩年，我替小白進行了一連串行為訓練，爸爸媽媽亦很努力在家跟進他的狀況。

雖然大家都很努力，但一如所料，小白的學習進度還是相當緩慢，仍然有很多概念未能掌握和明白。

不過，在眾人的努力下，小白總算學懂了自行進食及如廁、說一些簡短句子例如「我要餅」，而且笑的時候會發出聲音。只是，他的語言發展仍然比同齡孩子慢很多。例如其他小朋友會稱呼我為「戴公主」或「Diane」，但小白卻因為不懂怎樣發音而稱呼我為「滴滴」。

「多謝你這兩年來的付出，也感謝你這兩年來與我們同行！」媽媽一邊說，一邊給了我一個擁抱。

我很少會與孩子的父母有任何身體接觸，但由於在過去兩年間和這家人建立了深厚的情誼，因此對於小白將升讀全日制特殊學校，而不會再來我的中心接受訓練，我也實在感到有點不捨。

在我和媽媽擁抱之際，小白忽然拍拍我的大腿：「滴滴……滴滴……我想抱……」

小白應該不知道、也不明白，自己短時間內不會再來與我見面了。不過，看見媽媽與我擁抱，也許他也很想跟我來一個抱抱吧。

我輕輕的給他一個擁抱。小白大笑起來，並發出「哈哈」的聲音。

我腦海忽然冒起兩年前朋友問的問題。

捫心自問，這兩年來我很努力替小白進行訓練，最後他究竟得到了甚麼？

兩年過去，小白不理解的東西仍然有很多。不過看到小白從心而發的笑容，我相信他應該會理解到——爸爸媽媽固然是無條件的愛他，而我也是十分愛惜這個愛笑的小男生。

「如今常存的有信、有望、有愛，這三樣，其中最大的是愛。」《聖經》中有一句這樣的說話。

說到底，愛是這世界最重要的價值吧！

甚麼是智力障礙？

智力障礙是一種發展性問題，有此情況的人士智能顯著低於一般水平，並在學習和生活適應方面出現顯著困難。

和同齡人士比較，有智力障礙的孩子在以下這些方面有顯著的困難：

· 認知能力：抽象思維、邏輯思考及記憶力較弱，難以把學到的概念轉移或融會貫通。
· 語言能力：理解和表達能力較弱，亦可能會出現發音問題。
· 大小肌肉發展：四肢或手眼協調發展較緩慢。
· 生活適應能力：日常自我照顧和社交能力較弱。

這些徵狀通常在孩童時期已經出現。如果在完成發育以後，由於病患、意外而引致腦部受損，或老年人因記憶力、思考力衰退而出現，則不屬於智力障礙。

智力障礙分哪幾種程度？

智力障礙的程度，可分為輕度至極度嚴重：

◇輕度（智商：50-69）

佔智力障礙者的大多數。這個程度的人士在認知、社交及生活適應能力較同齡弱，但在一些輔導和協助下，大致可以照顧自己。

◇中度（智商：35-49）

認知、社交及生活適應能力相對同齡有一定的差距，但在適度及緊密的協助下，他們可以完成不同的自理任務，例如吃飯、梳洗、更衣等。

◇嚴重（智商：20-34）

這類人士的語言能力發展較有限，難以理解文字，日常生活需要大量的協助。

◇極度嚴重（智商：20 以下）

對很多概念也不太理解，需要特別照顧，並要不斷的督導下才能學習到一些簡單的自我照顧及溝通技巧。

甚麼是S位、I位、E位、O位服務？

一旦孩子被診斷有智力障礙、發展遲緩或自閉症，父母宜及早為孩子安排相關輔導服務及訓練，愈早介入，效果愈好。社會福利署有為發展障礙的學前兒童提供四種不同的訓練及教育，不少人稱之為——S位、I位、E位和O位服務。這四種服務有甚麼分別呢？

◇ 特殊幼兒中心（S位）〔Special Child Care Center〕

提供全日的訓練和照顧予中度至嚴重程度殘疾、年齡介乎2歲至6歲、未開始接受小學教育的幼兒。經評定後有下列任何一項發展障礙：

- 中度或嚴重智障。
- 中度或嚴重肢體傷殘。
- 失聰或嚴重至極度嚴重聽覺受損。
- 失明或嚴重視覺受損 。
- 行為／情緒上有嚴重問題、有過度活躍傾向或患有自閉症。

◇ 幼稚園暨幼兒中心兼收計劃（I位）〔Integrated Programme in Kindergarten-cum-Child Care Center〕

在普通幼稚園暨幼兒中心內，為輕度殘疾、年齡介乎2歲至6歲、未開始接受小學教育的幼兒提供訓練和照顧。經評定有以下一項或多項輕度殘疾的幼兒：

- 輕度智障；
- 輕度肢體傷殘，但沒有嚴重行動問題；
- 輕度或中度聽覺受損；或
- 輕度或中度視覺受損。

◇早期教育及訓練中心（E位）〔Early Education & Training Center〕

幼兒每星期到參與計劃的訓練中心接受不同的訓練，以協助他們融入主流教育。主要為初生至2歲的殘疾幼兒提供早期介入服務；年齡介乎2歲至6歲、未開始接受小學教育的殘疾幼兒，若沒有在同一時間內接受其他康復服務，也可接受早期教育及訓練中心的服務。幼兒每星期到參與計劃的訓練中心接受個別及小組的訓練，通常每星期一至兩次。

◇到校學前康復服務（O位）〔On-site Pre-school Rehabilitation Services〕

為就讀幼稚園／幼稚園暨幼兒中心、有輕度殘疾、懷疑有特殊需要的兒童或經跨專業服務團隊透過「兒童觀察量表」評估為有特殊需要的第一層兒童提供到校康復服務。跨專業服務團隊（包括職業治療師、物理治療師、言語治療師、臨床／教育心理學家、社工，以及特殊幼兒工作員）到校提供訓練及專業支援。

如何為有智力障礙的兒童提供教育？

在學齡階段，部分有輕度智障的孩子可考慮入讀主流小學，接受融合教育。另外一些則較適合入讀特殊學校。特殊學校分為輕度、中度和嚴重三類，為有不同智力障礙程度的學生提供教育服務。這些學校設有小一至中六的級別，課程著重基本的學科知識、社交技巧，以及日常生活自理的技能訓練。部分特殊學校亦有提供寄宿服務。

智力障礙不是疾病，也不可能用藥物治癒。有智力障礙的人士還是有能力學習各種新事物，只是較一般人需要付出多點時間和努力。與他們溝通的時候，宜盡量用一些簡單的詞彙，並運用具體的例子和實物來幫助他們理解。

8—淚之女王和名偵探金田一

「每次我去到學校門口，心跳便會加速，手心亦開始冒汗……」淚水從美仁的面頰一滴一滴的流下。

雖然滿臉淚痕，但美仁看上去還是很漂亮。白皙的皮膚、水汪汪的眼睛，再加上秀氣的鼻子，美仁的樣貌猶如韓劇中的女主角。這漂亮的女生自從升上中一，不知何故出現了一些焦慮的症狀，因而經常缺課。

我一邊遞紙巾給美仁，一邊問她：「你知道自己是因甚麼事而感到焦慮嗎？」

「我不知道……」美仁用紙巾拭去眼淚。

「那麼，你記得焦慮的情況是從哪時開始出現？」不知怎地，我覺得自己彷彿是在查案的偵探。

「好像是從今年一月開始……但我又說不出為甚麼從那時起會感到緊張……」美仁又開始哭起來，思緒也變得有點混亂。

「除了在學校外，在家或者在其他地方會出現這些焦慮症狀嗎？」我繼續詢問，希望可以找到她焦慮背後的原因。

「其他地方不會出現這些狀況……就是每逢到了學校，我便會感到很緊張以及氣促……然後一感到這些狀況，我又會不停哭……」看到美仁哭成淚人，我不忍心再問下去。

或許邀請美仁的媽媽一起談談，會讓我更了解美仁焦慮的原因。

媽媽進到房間和美仁並排而坐。她和美仁同樣是大美人。可是，談不到三句，媽媽也開始哭起來。

「美仁說，自從今年一月開始，她便出現一些焦慮的狀況。今年一月有否發生甚麼特別的事情？」我向媽媽問，感覺也真的愈來愈像查案。

「除了學校考試外，沒甚麼特別……美仁是我的獨女，我真的不忍心看見她這個樣子……她小學時一直名列前茅，想不到升上中學後，不但成績一落千丈，現在甚至連學也上不了……」淚水從媽媽的面頰一滴一滴的流下。

哭泣是會傳染的，而兩母女的情緒似乎亦互相牽引。美仁看見媽媽哭，原本止住了的淚水再次流下：「自從升上中學後，我發現自己原來很蠢……今年一月那次年中考試，我的成績很差……我一想到自己的成績那麼差勁，就覺得會被踢出校……如果我被踢出校，我以後便沒有前途了……」

兩名韓劇女主角相擁而哭。

輔導室裡由一名哭泣的女生變成兩名哭泣的母女，我開始有點後悔把媽媽一併邀請到輔導室來。

究竟美仁為甚麼會感到焦慮？

我努力嘗試在腦海中整合母女二人一邊哭泣一邊斷斷續續的分享……想著想著，忽然覺得一切的謎底都解開了！

我以金田一的口吻說：「美仁之所以焦慮，是因為今年一月考試的成績未如理想，然後她便開始產生一些『災難化思想』。」

「災難化思想，是指人面對負面事件時，過度誇大其嚴重性和影響。美仁只是一次考試失利，卻認為自己會因此而被踢出校，甚至認為這輩子再沒希望。這個想法其實並不合理，但這種認知偏差卻導致她產生焦慮和恐懼。因此，美仁你要學習不要放大考試的失敗。」我繼續解釋。

美仁和媽媽聽完我的分析後，不約而同收起了淚水。

「你的分析好像有點道理，但我的成績這麼差，你覺得我不會被學校趕走嗎？」美仁問。

我跟美仁解釋：「一般來說，若然成績不好，學校會安排學生留級。而且，即使留班，那也不是甚麼大不了的事，來年繼續努力學習便是了。再者，即使讀不成書甚至中途輟學，也不代表沒有前途啊！」

媽媽也加入對話，並冷靜地分析：「你說得沒錯！而且那只是上學期的考試，說不定你經過努力後，下學期的成績會大有進步。而且，即使你讀書不成，這也不是問題！因為媽媽知道你有很多才能，例如你會畫畫，又會攝影，將來仍然可以有很多出路。還有，無論你將來怎樣，爸爸媽媽總會在你身旁支持你！」

兩名韓劇女主角又再次相擁。

父母的情緒實在對孩子有很大的影響。看到媽媽冷靜下來，美仁也慢慢收起激動的情緒，並開始有條理地跟我分享她的想法，我亦因此能夠訂出輔導方向及對症下藥。

＊＊＊

「下星期開始，你們不用再來見我了。」經過六個月的輔導，美仁的情況大有改善，媽媽也變得比以前冷靜。

兩母女微笑著點頭。美仁忽然問我：「你覺得萬一我讀書不成，是否真的如你和媽媽說，仍然有很多出路？」

我微笑著答她：「當然！你可以做畫家，又可以做攝影師。再者，你這麼有明星相，也可以嘗試去做模特兒或者演戲吧！」

「哈哈，我那麼愛哭，或許我可以做那些悲劇中的女主角，專門演要哭的戲份！」兩母女大笑起來。

人生總會遇到失敗或者感覺很糟糕的時候。驀然回首，或許有一天，我們都能笑著面對那些曾令我們哭得死去活來的經歷。

甚麼是焦慮?

當我們面對威脅和挑戰時(例如面對考試、公開演講、火災等),我們難免感到害怕、擔心、甚至焦慮。這些情緒反應都是很正常的。恰當的焦慮能幫助我們提高警覺避開危險,同時推動我們更機警地處理事情。不過,太多的焦慮感卻會適得其反,並可能引致焦慮症。

焦慮症的一些常見徵狀包括:

· 長期處於擔心狀態;
· 即使危機已過,仍然持續焦慮;
· 出現一些不自控的身體反應,例如心跳加速、肌肉繃緊、呼吸急速、手心冒汗等;
· 抱持一些負面的想法,例如認定不好的事情將會發生,而且後果嚴重;
· 逃避令自己害怕的場合;
· 日常生活、學習、工作或社交因焦慮受影響,例如未能專心學習、工作表現減慢、不想離家外出等。

如果有焦慮症可以怎麼辦?

若然出現以上徵狀,可考慮向精神科醫生或心理學家求助,先看看會否有焦慮症的情況。焦慮症的主要治療方法,包括心理輔導、藥物治療及合併輔導與藥物的治療。

◇心理輔導

「認知行為治療」由美國精神科醫生 Aaron Beck 提出，是心理學家常用的心理輔導方法[1]。研究顯示，認知行為治療能有效幫助患者減低焦慮。心理學家通常會引導有焦慮症的人士：

- 留意自己的情緒、身體反應、想法及行為；
- 了解和識別消極的思維模式及「思想陷阱」；
- 調節認知上的偏差及行為。

我們的想法會影響情緒。有時候我們會不自覺跌入失實及鑽牛角尖的思想中，繼而引起不必要的負面情緒。透過「認知行為治療」，心理學家會引導有焦慮症的人士檢視自己的想法，以及有沒有一些引致負面情緒的思想陷阱。而常見的思想陷阱有：

- 災難化思想：當人面對負面事件時，過度誇大其嚴重性和影響。例如運動員輸了一次比賽，便認為運動生涯就此結束。
- 絕對化思想：妄下結論，認定事情一定就是／會這樣發生。例如測驗前已經認定自己一定會考得差勁。

1 | Beck, J. S. (2021). *Cognitive behavior therapy: Basics and beyond* (3rd ed.). The Guilford Press.

・個人化思想：當一件事情出錯的時候，把結果全歸咎於自己。例如失戀的時候，認定所有問題都是自己的錯。

◇ 藥物治療

有焦慮症的人士可以透過服用適當的藥物紓緩情緒問題，而這些藥物需要由精神科醫生處方。

如何預防焦慮症？

我們可以透過以下方法預防過多的焦慮：

◇ 留意身體警號

當我們感到焦慮時，身體會出現不同的警告訊號，例如心跳加速、呼吸不暢等。出現這些警號時，可以透過深呼吸及肌肉鬆弛練習放鬆身體，從而減少緊張的感覺。

◇ 定期檢視自己的想法，避免跌入思想陷阱或鑽牛角尖

思維與肌肉一樣，可以透過訓練改變，將慣性負面的思維改為正面。當焦慮的感覺出

現時，留意自己腦海中的想法，並嘗試把那些想法寫下來。然後，我們可以看看那些想法，並反問自己：「這些想法合理嗎？」、「我有沒有一些災難化／絕對化／個人化思想？」、「我需要調整自己的想法嗎？」這樣做能幫助自己從不同的觀點與角度去看問題，從而走出慣性的負面思維。

◇培養健康均衡的生活模式

健康的生活模式對我們的情緒也會有正面的影響。每天有充足的睡眠時間、定時做運動，以及參與恆常正面的社交活動，有助減低壓力及建構更正面的情緒。

9｜熱血五人組

「只要我們努力幫助阿信，我相信他一定會有進步！」這話出自輔導主任謝老師之口。

學校的會議室內，坐著阿信的班主任張 Sir、學校社工李姑娘、訓導主任陳老師、輔導主任謝老師和我。時間為某年九月四日下午四時。

「讓我先總結一下阿信就讀中一時的問題：

第一，他社交技巧差，經常不說話以致沒有朋友；

第二，他心裡其實很渴望得到別人關注，因此會作出一些行為吸引別人注意……」

訓導主任陳老師禁不住打斷謝老師的話：「你這樣說是在美化他的行為吧！簡單來說，他就是多次偷同學的東西！」

「我覺得他真的沒有企圖要偷別人的東西！只是因為小息的時候沒有朋友，他才做出那些行為吧。如果他有朋友，我覺得他是不會隨便拿別人的書包。」謝老師禁不住反駁。

「好，第三，他沉迷數字，卻討厭中文。他經常在中文課上偷偷做數學題，中文成績亦很差。現在讓我們討論一下如何在新學年幫助阿信。」

阿信，中二生，有自閉症譜系障礙。中一的時候因為謝老師提及的種種問題，弄得老師和同學非常困擾。如謝老師所言，我也認為他所謂的「盜竊」行為並非出自貪念。如果是貪財而不想被別人發現，偷同學的銀包便可以了，用不著整個書包也拿去。不過，有家長卻因此而報警，學校也高度關注阿信的情況，便決定於新學年召開會議商討對應方法。

會議長達兩小時，最後討論結果，由：

- 阿信的班主任張 Sir（同時是阿信的中文老師）為阿信提供中文科輔導，兼且跟進他上課不專注的情況；
- 學校社工李姑娘負責和家長溝通及分享管教策略；
- 我負責為阿信提供社交訓練，並幫助他提升交友技巧；
- 輔導主任謝老師及訓導主任陳老師定期關顧阿信，並幫助他把社交訓練學到的技巧延伸到日常生活。

西方諺語中：「教養一個孩子，需要一條村的參與。」（It takes a village to raise a child）真的說得沒錯！照顧一個孩子實在需要很多人的努力和參與。

會議結束時，輔導主任謝老師鼓勵大家說：「我相信只要我們共同努力，阿信的情況一定會大有改善！」

除了訓導主任陳老師，眾人聽到謝老師的話，都像熱血青春片的角色一樣深深被激勵。

陳老師打了一個哈欠，然後大聲宣布：「收工！」

＊＊＊

翌年六月十五日下午四時，「熱血五人組」再次聚集，檢討過去十個月的支援效果。雖然陳老師是帶著一大疊學生功課簿來一邊開會一邊批改，但似乎她在過去十個月也是有積極跟進阿信的情況。

謝老師首先發言：「讓我先來報告一下阿信過去一年的情況：第一，他於訓練後變得會主動與人交談，但卻因為說話太過直接而經常得罪人。例如，他近日因為指出幾個女同學的腳毛很長而惹怒她們。我們於上年九月和今年六月都邀請了老師和家長填寫了社交問卷，好讓我們了解阿信於訓練後的社交技巧是否有進步。大致來說，前後測的分數相約。

「第二，於張Sir的指導下，他開始沒有那麼抗拒中文，卻忽然沉迷研究中文成語。上課的時候雖然沒有再計算數學題目，卻不停默寫中文成語……」

訓導主任陳老師忽然放下書簿插嘴說：「簡單來說，雖然經過心理學家和我們密集式、超過四十次的個別輔導及小組訓練，阿信的社交技巧和上課專注力情況並沒有改善。對不對？」

謝老師無奈的回應：「唉……你說得沒錯。」

陳老師繼續說：「而且第三，阿信還因喜歡班上一名女同學而經常跟蹤她。幸好我們及時發現了，家長才沒有報警……」

會議室瀰漫著一片寂靜。

有時候，有自閉症的孩子雖然已接受頻繁的輔導，情況卻未必可以有很大的改善。

努力付出卻沒有回報，這實在令人懊惱！不過人生總會遇到這些時候吧。更何況，自閉症譜系障礙乃發展性障礙的一種，這些情況不像傷風感冒，吃吃藥多休息症狀便會消失。

「雖然現在的情況令人沮喪，但我相信只要我們真心的栽種，即使是不被看好的小樹苗也有機會結果。我們不要放棄阿信，大家繼續努力幫助他成長吧……」眾人都聽得出謝老師這充滿正能量的說話背後，語氣是有點灰心。

「這情況真難搞，也不知道何時才可以收工。」不知道陳老師這話是說給我們聽，還是自言自語，不過再難搞，還是要處理吧。或者再調整一下輔導方向，然後再給一點耐性，阿信的情況終有一天會改善？

＊＊＊

某年六月二十三日下午四時，「熱血五人組」又再次聚集。時光飛逝，阿信已經是中五學生。

謝老師發言：「讓我來報告一下阿信過去一年的情況：第一，他現在有兩個穩定的好朋友，放學後會相約一起去圖書館溫書，週末的時候也有相約一起參與巴士迷活動。

「第二，他整體成績不錯，要考入大學應該沒太大問題。中文方面或有勞張 Sir 於暑假的時候繼續幫他額外幫補一下……」

輔導主任謝老師忽然停下來，訓導主任陳老師禁不住問她：「怎麼樣，還有甚麼情況要報告？」

「我正努力想有沒有遺留或要報告的部分，但好像沒有了。」謝老師回答。

「沒有其他特別情況便好了。」陳老師一邊整理桌上的文件，一邊大聲宣布：「收工！」

速食文化盛行，現代人都期望只要稍為付出努力便可即時看到結果。「熱血五人組」卻用上了四年的時間才看見阿信的改善。不過，相對「十年樹木，百年樹人」，四年其實也不算漫長？

更何況，能夠和一班熱心人一起付出真心，然後耐心等候改變發生，即使最後遲了一點「收工」，我想這還是一件很熱血的事吧！

當自閉症遇上青春期？

當有自閉症的孩子踏入青少年期，他們或會在成長路上遇到以下的新挑戰：

· 開始對異性產生好奇或興趣，卻可能因不懂得如何和異性相處，而表現出不恰當的社交行為。前文個案故事中的阿信便經歷這種情況。

· 開始使用社交媒體及網上通訊工具，但未能好好拿捏網上社交的潛規則，以致經常碰壁。例如，在使用網上通訊工具時，我們一般會在發訊息後，待別人先回應才繼續通話。我曾遇過一名有自閉症的學生，由於他並不掌握社交媒體的對答常規，未等及對方回應，便連發三十多個訊息，因此而惹怒了別人。

雖然面對一些挑戰，但有自閉症的人士只要在適當的輔導和引導下，仍然可以和異性恰當地相處，並且如一般人拍拖和結婚。

Stephen Shore 是一名有自閉症的教授。他曾經分享，拍拖起初對他來說完全是一個謎，甚至有女生對他有好感他也毫不為意。後來，他透過閱讀不同關於戀愛的書籍，並慢慢學習關於戀愛相處的潛規則，終於順利和一名女生拍拖。如今，他已經和妻子結婚好一段時間了。

同樣地，父母和老師可以多跟有自閉症的青少年人分享及指導，當使用社交媒體時要留意的事項。雖然他們未必自己會留意得到，但在具體的指導下，有自閉症的青少年人仍然可以好好運用社交媒體和通訊工具與別人有效地聯繫與溝通。

教育心理學家日常做甚麼工作？

雖然教育心理學家主要的服務對象是兒童或青少年，但從阿信的例子可以看到，教育心理學家並非只會躲在輔導室中給孩子提供個別的評估或輔導。輔導固然有其作用，但由於父母和老師是孩子們身邊更重要的人，因此教育心理學家很多時也需要和他們好好溝通及合作，才能真正幫助孩子／青少年克服障礙和成長。

一般來說，教育心理學家的工作除了為有需要的學生提供評估和輔導外，還包括以下工作：

- 和學校教職員商討介入及支援的策略；
- 跟家長分享如何在日常生活中支援孩子；
- 舉辦教師培訓活動，幫助老師了解如何在課堂支援有特殊教育需要的學生；
- 與學校管理層商討如何於系統層面幫助學生有更正面的發展。

以阿信的個案為例，我除了提供個別支援以及和老師開會，其實校長也有多次和我們「熱血五人組」溝通，一起商討如何改善學校的環境和政策，以讓阿信能夠更加融入校園生活。

由於阿信的學校以往並未有太多有特殊教育需要的學生，因此和校長商討後，我們皆認為，如果要真正幫助阿信，學校應該多讓其他學生了解甚麼是特殊教育需要，以及舉辦不同的活動營造共融關愛的學習環境。

由此可見，教育心理學家的工作涉及與不同單位合作和溝通，這也是我特別喜歡這份工作的一個原因吧。

10－兩個備戰考試的女生

「今天和你會面的兩名學生，都是中六生，有專注力不足的問題，以及希望於公開考試申請加時。」中心同事提醒我。

在香港，如果有特殊教育需要，在報考公開試時，可以向考評局申請特別考試安排，例如應試時有短暫休息、直接在選擇題上圈或寫答案、延長作答時間等。例如，有專注力不足／過度活躍症的學生，如果有需要，可以向考評局申請延長作答時間，但其申請必須要由心理學家作出評估，並證明真的有這方面的需要。

由於申請過程需時，一般考生早在中五的時候便遞交申請。而今天將要與我見面的兩名學生都已經是中六生，二人為甚麼不早一點安排評估以遞交申請呢？

早上，我先與阿儀會面。

阿儀早在就讀幼稚園的時候，已經被老師發現經常聽不到指示、難以專注以及相當多動。到了七歲，她被診斷為有專注力不足／過度活躍症。自那時起，她一直有服用改善專注及多動的藥物，情況相當理想。可是，自從中五開始，她於吃藥的時候會出現一些焦慮的情況。

「近一、兩個月，每次當我看到那顆藥，便會感到很緊張，然後出現一些手心冒汗、心跳加速的症狀。於是，我沒有再服用藥物。結果，我的專注力大大下降，以致經常未能按時完成測驗或考試，成績一落千丈。」阿儀跟我解釋她的情況。這解釋亦令我明白到為甚麼她沒有早些來約見。

「明白，所以你是一向都有服用藥物，但不知道為甚麼，近月開始看到藥物的時候，會感到不安，所以最後沒有服用，對嗎？」由於這狀況並不常見，因此我需要核實一下。

阿儀有一點猶豫：「我也不知道自己是否想服用藥物。多年來，藥物令我的專注力和成績大大改善。但現在我即將要應付公開考試，服藥會不會對其他考生有點不公平？想到這裡，我內心總是有點不安，感覺自己像那些吃禁藥的奧運選手一樣。」

這樣聽起來，阿儀的焦慮似乎與這個猶豫有關。

我嘗試安慰阿儀：「除了香港，很多國家例如美國和英國，也會容許有專注力不足／過度活躍症的學生在公開考試時服藥，情況就像容許有視力問題的學生戴眼鏡一樣，因此即使你考試時服藥，也不會有不公平的情況。」

阿儀聽完我的話後，好像放下了心頭大石。我替她進行了評估，發現專注力的困難影響了她的閱讀速度。最後，我跟阿儀和父母解說測試結果，並答應會為她撰寫報告，幫助她申請應試時延長作答時間。

下午，我與芬芬和她媽媽見面。

「芬芬是相當勤力的學生，但她的成績一般，我擔心她未必可以成功考上大學。我聽其他家長朋友說，如果芬芬有 AD/HD，可以於公開考試時申請加時。因此，我希望你替芬芬先進行評估，然後再幫她申請加時。」媽媽跟我解釋情況，坐在一旁的芬芬全程低著頭保持沉默。

「明白，所以芬芬自小並沒有專注力不足的問題？但現在你忽然安排她接受評估，純粹是希望考試時可以多些時間？」這狀況亦是不常見，因此我也需要核實一下。

大部分家長都希望自己的孩子沒有特殊教育需要，但芬芬的媽媽卻好像很渴望芬芬有專注力不足／過度活躍症。

媽媽吞吞吐吐的說：「其實也不是忽然想安排她做評估，自小她也有很多症狀，只是我太忙了，一直沒有跟進。」

然後，媽媽猶如背書般把一些 AD/HD 的症狀逐一列舉，並強調芬芬一直都有那些症狀。

雖然感到有些奇怪，但由於媽媽很堅持，最後我還是替芬芬進行了專注力的測試。測試大概長達兩個小時，芬芬一直表現得十分專注，而且在不同的題目上也拿到相當高的分數，直到最後五分鐘。

芬芬忽然問我：「這是不是測驗的最後一個部分？」

雖然我不太明白她為甚麼要這樣問，但我仍然回答：「沒錯，評估接近尾聲了。」

芬芬的表情看上去非常奇怪，感覺她好像有點驚慌以及忘記了甚麼似的。接著，她非常緩慢地繼續完成餘下要作答的題目。不知怎地，我覺得她好像是在我面前裝扮有專注力問題。

「雖然在評估最後的五分鐘，芬芬的答題速度忽然變得異常緩慢，但總的來說，評估顯示芬芬沒有專注力的問題，我也不認為她有專注力不足／過度活躍症的情況。」我解釋說。

芬芬繼續低頭保持沉默，媽媽卻表現得很激動：「所以你不能幫她在公開考試申請加時？」

我點點頭。

媽媽繼續激動地說：「我聽其他家長朋友說，如果有AD/HD的問題，可以服用『聰明藥』改善情況，而且即使沒有AD/HD，『聰明藥』也可以令人更加醒目。你覺得我應該讓芬芬吃那藥嗎？」

「關於藥物方面，你可以考慮另外諮商精神科醫生。不過，以我所知，曾有研究指出，如果沒有AD/HD的人服用了那些藥，未必有太大作用，甚至還會有反效果。如果你強行要芬芬服藥，我覺得情況猶如原本你沒有視力問題，但卻要她佩戴眼鏡一樣，結果可能會得不償失。」

為了確定評估結果，我再聯絡了學校的老師作查詢，而他們在日常觀察亦沒有留意到芬芬有任何專注力問題或過動的情況。這樣看來，芬芬應真的沒有AD/HD。

＊＊＊

過了大半年，文憑試放榜了。阿儀和芬芬的媽媽分別發訊息給我。

阿儀媽媽的訊息是這樣的：「放榜了，阿儀的成績很理想！感謝您的幫忙！」

芬芬媽媽的訊息卻是這樣的：「公開考試前，我帶芬芬見了一名精神科醫生，並拿到了一些提升專注力的聰明藥。可惜她吃過後，成績不升反跌。放榜了，芬芬的成績不太好，恐怕來年要重考。我可以帶她到你的中心，測試一下她有沒有讀寫障礙嗎？我聽其他家長說，有讀寫障礙的學生也可以申請於考試時有更長的作答時間？」

我們的世界充滿著不同的人。有些人雖然天生有障礙，卻很怕自己會濫用那些應得的權益。或許對他們來說，這個社會是否公平公正重要過自己的利益？相反，有些人卻是會千方百計為自己的好處張羅。對於後者，或者最好的反應還是低著頭保持沉默。

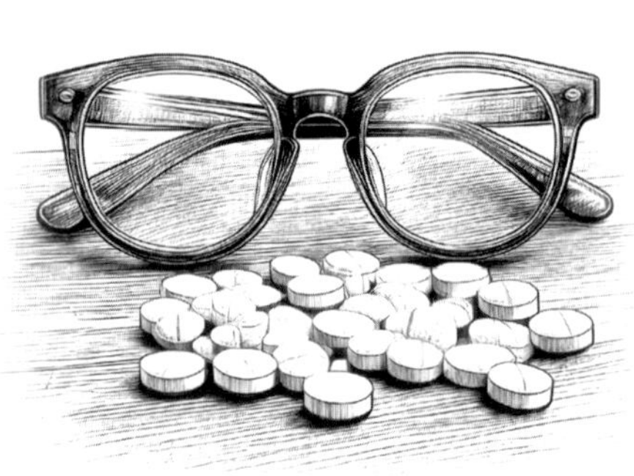

有特殊教育需要的學生如何申請特別考試安排？

有特殊教育需要的學生，因其功能缺損，在應付考試時會經歷一定的困難。例如，不少有讀寫障礙的學生，因為處理文字速度較慢，在應試時即使知道題目的答案，卻未能在限定的時間內完成試卷。為了讓他們得以完成評核，不少學校都會因應有特殊教育需要的學生的情況，提供特別考試安排，例如：

- 延長作答時間；
- 作答形式的特別安排，例如採用行距較寬或方格較大的答題紙；
- 試卷的特別編排，例如將試卷的字體放大；
- 讀卷／使用電腦讀屏器／查問字詞讀音；
- 評估中段休息；
- 特別的座位安排；
- 提醒學生專注作答；
- 重複口頭指示；
- 節略版試卷。

一般來說，學校雖然會提供特別安排，但同時亦會確保這些安排不會對其他學生造成不公平，例如延長有讀寫障礙考生的作答時間（如延長25%），但又不會延長太多（如延長

100%）。不同學校會制訂自己的評估政策。有需要的父母可以向學校了解，並跟老師以及專業人士（如心理學家和精神科醫生）商討哪些特別考試安排適用於子女。

甚麼情況下可於公開考試申請加時？

香港考試及評核局（考評局）會為有特殊教育需要的學生，於公開考試提供特別考試安排，例如於香港中學文憑考試或是全港性系統評估中給有需要的學生作特別安排。

不過，有些家長或考生會誤以為，凡有特殊教育需要的學生都可以在考試時有較長的作答時間。事實並非如此。

首先，視乎個別學生的特殊需要類別，其特別考試安排也會有所不同。例如，單耳聽障的考生並不可以申請加時，但可獲安排在特別試場應考筆試，以及在特別試場應考口試時，可面向或以聽力正常的耳朵對著其他說話者。

家長和老師如欲為孩子或學生於公開考試申請特別安排，務必要仔細閱讀考評局的細則，不要假設所有特殊教育需要的類別也可以申請加時。

第二，就讀寫障礙的個案來說，根據現時考評局的規定，只要考生能提供有關證明確認有讀寫障礙，便可申請延長作答時間。不過，這個情況並不適用於自閉症和專注力不足／過度活躍症的考生，這兩種情況除了需要有精神科醫生簽發的診斷報告外，還需要有合資格的心理學家填寫額外的表格，並提供有關給予延長作答時間的理據及建議。

舉個例子：一名有自閉症的學生會因環境轉變而感到焦慮，但他的閱讀和書寫能力正常，就這個個案而言，心理學家可能只會建議安排這個學生在自己就讀的學校應試，而未必會建議他於考試申請加時。

總的來說，有特殊教育需要的學生並非一定許可在公開考試中加時。不同的特殊教育需要可以申請的特別考試安排各有不同，而當中需要的證明文件也有異。父母和老師宜仔細閱讀考評局的指引，或是在申請前參與考評局舉辦的相關講座。

11 雖然有抑鬱症但功課還是要交？

「她有抑鬱症，但學校仍然堅持要她交功課？」我激動地問學校社工。

認識我的人都知道，我素常相當冷靜。學校社工聽到我在電話另一端這麼激動，大概是嚇倒了，說話結巴起來：「沒錯……晶晶因此已有一星期沒上學了……但若果你有時間，她願意到中心見你……」

晶晶是一名中三學生。她於兩個月前，因為企圖自殺被家人送進醫院，醫生診斷她有抑鬱症。經過一段時間的住院及治療，她再沒有企圖自殺的想法，醫生於是讓她出院，但她的抑鬱症狀況仍然反覆。

「因為住院的關係，我已經接近兩個月沒上學了。想不到回校的第一天，訓導主任便約見及告訴我，雖然我有抑鬱症，但這並不代表我可以欠交功課。然後，他拿出了一張很長的清單，上面列出了多項我過去兩個月因為缺課而沒有交的功課，並吩咐我要盡快完成及交回……」說到這裡，晶晶禁不住哭起來。

我一邊遞紙巾給晶晶，一邊激動地說：「這太不合理了！那訓導主任根本就不明白甚麼是抑鬱症！」

「沒錯，我就是連吃飯和以往我喜歡的活動也沒有動力做，更何況是功課呢？雖然藥物令我的情緒比以往平靜，但我仍然感到很疲累，而且也經常失眠。我有嘗試努力去完成那些功課，但進度非常慢。」

「因為你認為自己沒可能完成那海量的功課，所以最後決定不再回校？」我問晶晶。

晶晶答：「是的，媽媽請醫生給我寫了病假紙，那樣我便不用回校，也不用補交那些欠交的功課了。」

與晶晶見面後，我決定和學校社工相約訓導主任劉老師詳談。

學校會議室內的沙發上，社工和我坐在左面，劉老師則坐在右面，情況猶如辯論中的兩個陣營。

第一輪的辯論比賽開始。是次辯論題目是——「學校應否安排晶晶補交缺課時欠下的功課？」

「你們有所不知，我已經就著晶晶的情況酌情處理了。她原本要補交的功課比現在更多，有些非學術的功課我已經沒有要她補交。」劉老師首先發言。

學校社工嘗試反駁：「但晶晶要補交的功課還是有很多！她有抑鬱症，經常會感到很疲累，她怎可能一下子完成那麼多功課？」

劉老師再次發言：「有抑鬱症也不代表學生可以為所欲為、任意而行！學校有學校的規矩，即使缺課，功課還是要補交！不然，學生可能會隨便缺課，誤以為逃學便可以逃避學習上的責任。」

我嘗試提出自己的論點：「一般學生沒有合理原因缺課，學校要求他們補做欠下的功課不無道理。但晶晶並非無故缺課。醫生已證明她有抑鬱症，我和晶晶面談後發現她仍然有很多病徵，例如注意力難以集中、感到很疲倦等。以她這個狀況，根本沒可能完成那麼多功課！」

劉老師有感說不過我們，於是提議一起找校長評理。

校長室內，學校社工和我坐在左面的椅子上，劉老師則坐在右面的椅子上，而校長猶如法庭中的法官坐在中間。

第二輪的辯論比賽開始。

今次社工搶先發言：「如果晶晶繼續缺課，這代表她欠交的功課會愈積愈多，到時候她更加難以完成，回校上課的動機更加愈來愈低。」

劉老師辯解：「其實只要她有病假紙，缺課也不是問題。但她一旦回校，便一定要補交之前欠的功課。這是學校的規矩。」

輪到我發言：「規矩是死的，但人是活的。學校會否可以就晶晶的情況讓她繼續上學，而不強迫她清還之前欠下的功課債？另外，如果她回校上課，她也未必能完成所有習作和家課，這方面會否也可以酌情處理一下？」

劉老師反對：「這樣對其他學生很不公平！而且我怎知道晶晶不是在假裝自己有抑鬱症？」

校長一直並沒有作聲，但看到我們兩方鬧得面紅耳熱，終於忍不住調停：「你們兩方也有些道理……」

校長是要在這時候大聲喊「打和～」嗎？

「這樣吧，我們學校始終有自己的制度，但Diane如果你願意給晶晶寫一份心理報告，證明她於完成功課方面有困難，我們或許可以把她補交的功課減半？」校長提議。

對於這個提議，辯論雙方其實似乎也不太滿意，只是鑒於出校長提出，最後惟有無奈接受。

步出校長室的時候，想起電影《年少日記》中的經典對白：「抑鬱不是一種選擇。」這句話也實在是說得太對了。

雖然抑鬱症是一種令人無奈的情況，但如果周遭的人能夠選擇對抑鬱症患者有更多的同理心，我相信他們的路會比較易走。

我隱隱覺得，晶晶繼續在這間學校上學，路始終是會比較難行。

過了幾天，我在中心替另一名有抑鬱症的中四學生做輔導。那名學生經過一段時間的藥物治療和輔導，情況大有改善。我忽然想起於一年前，那學生也曾試過因抑鬱症而住院兩個月。

「你還記得當時重新上學後，學校有要求你補回缺課時欠交的功課嗎？」我問。

學生微笑著答：「學校沒有要求我補交呢！當時我抑鬱症的情況還是有點反覆，要我補交之前欠下的功課實在太沒人情味吧？學校老師十分體諒我的情況，有時候我未能夠完成家課，或是因睡眠質素不好而上課時伏案休息，他們也會容許我這樣做，不會給我太大壓力。」

我一直以為這位學生的進步有賴藥物和輔導，這樣聽起來，其實學校和老師的體諒是箇中的關鍵。

於是，我致電晶晶的學校社工：「我已完成了晶晶的心理報告，但有一件事情想跟你商討一下——你認為讓晶晶轉校會否是一個更好的選擇？」

「我們真的是心有靈犀！那天離開校長室後，我也一直在想這個問題，也暗暗查探了一下究竟會否有些更包容的學校可以體諒晶晶的情況。我手上已有一些資料，打算跟晶晶及她父母商量一下。」學校社工這樣回答。

或許抑鬱症不是一個選擇，但有抑鬱症的人，仍然可以選擇前面的路應該怎樣走，以及探索有否其他的出路。

山不轉路轉，路不轉人轉——至少我是這樣相信。

甚麼是抑鬱症？

抑鬱症是一種情緒病症，其核心的症狀是長期且持續地情緒低落，並對大部分事情失去興趣或動力。有抑鬱症的人在情緒、生理、認知及行為上或會出現以下症狀：

◇情緒方面

·經常情緒低落、悶悶不樂或煩躁。

◇生理方面

·經常感到很疲倦、精力不足；
·經常失眠或渴睡；
·食欲減低或暴食、體重無故大幅下降或增升；
·身體不適，例如疼痛。

◇認知方面

·難以思考或集中精神；
·對生活中各事猶豫不決；

．對個人、世界或未來的想法很負面；
．覺得自己沒有價值、容易內疚；
．有自殺的念頭。

◇行為方面

．對以往喜歡的活動失去興趣；
．不願參與日常及社交活動；
．疏於自理及忽視個人儀容；
．躁動不安或行動遲滯。

香港心理衛生會曾與香港大學社會工作及社會行政學系合作，於二〇二三年五月至十一月期間進行「全港抑鬱指數調查」，發現受訪者中有33%有中度至重度抑鬱，數字創歷年新高。另外，有近六成男性受訪者表示即使有情緒需要也不會向專業人士尋求幫助，主因是生活忙碌、擔心費用昂貴，以及認為自己有能力應付[1]。

1　香港心理衛生會（2023）。「全港抑鬱指數調查 2023」新聞發佈會。https://www.mhahk.org.hk/index.php/20240209mha/

抑鬱不是一種選擇？

電影《年少日記》出現過一句經典的對白：「抑鬱不是一種選擇。」——這說話出自戲裡中學教師鄭 Sir 之口。鄭 Sir 的哥哥因為抑鬱沒有被發現和接受治療，後來走上輕生的路。

誠然，抑鬱症是一種情緒病，它的出現並不是因為那人做錯了甚麼事情或躲懶。情況猶如傷風、感冒一樣，即使我們做足防禦措施，還是有機會被感冒找上。另外，患上抑鬱症出現上述症狀也是不由自主的。有些人會在安慰抑鬱症患者時說類似「你要振作」、「唔好唔開心」等的話。事實上，這樣的話對抑鬱症患者的幫助不大，甚至會為他們帶來壓力。

抑鬱症的成因受很多因素影響，但不少學者認為主要由兩方面一起造成——先天性的生理傾向，以及外來的壓力。

首先，遺傳因素會影響一個人有抑鬱症的生理傾向。簡單來說，就是如果家人中有人是抑鬱症患者，他／她出現抑鬱的情況會比較大。另外，外來的壓力也會誘發抑鬱症，例如失去親人、遭受虐待、長期缺乏關愛、學業或工作失意等。無論是先天的生理傾向，或是外在環境的壓力，我們可以看到兩者也非患者本身可以控制或選擇的。

雖然一個人患上抑鬱症並非他／她自主的，但如何面對這個情況，某程度上卻是患者可以選擇的。抑鬱症並非不治之症，只要患者接受適當的治療，病情是有機會可以控制、痊癒及預防的。再者，如患者或身邊人能及早察覺其狀況並適當地介入，這樣可以避免病情惡化，減少抑鬱症對生活的影響，並增加康復的機會。

如果有抑鬱症可以怎麼辦？

和焦慮症一樣，研究顯示心理輔導（例如認知行為治療）和藥物治療，都能有效幫助有抑鬱症的人士[2]。關於藥物治療，雖然我不是醫生，但特別值得留意的是，醫生通常會建議首次抑鬱症病發的人士，在康復後仍須持續服用抗抑鬱藥一年或更長時間，以確保完全康復[3]。因此，患者和其父母也應該對服藥的時間有合理的期望，並要明白抗抑鬱藥有別於醫治傷風感冒的藥物，不是服用一兩個星期便可以停用。

抑鬱症與我無關？

曾聽說過一名教師分享，她的學生有抑鬱症，起初她以為學生只要接受輔導便可以了，康復進度與自己無關。後來她才發現，原來自己及學校的做法，在學生康復的過程中也佔很重要的一席位。

---

2 | Karrouri, R., Hammani, Z., Benjelloun, R., & Otheman, Y. (2021). Major depressive disorder: Validated treatments and future challenges. *World journal of clinical cases, 9*(31), 9350-9367.

3 | 醫院管理局、青山醫院精神健康學院（2024）。精神健康學院－精神健康教育資料。https://www3.ha.org.hk/cph/imh/tc/mental-health-info/2/3/3/depression

其實除了個人治療外，外在的調適也十分影響抑鬱症患者的康復進度。所謂「調適」，就是於環境制度或做法上作出一些調節及改變，從而容許有需要的人士更彈性處理他們的工作或學習進度，以及幫助他們在合理的情況下完成工作或學習上的要求。

當然，何謂「合理」實在有商榷的餘地。不過，一般來說，老師或學校可以考慮為有抑鬱症的學生提供以下的調適：

- 彈性處理遲到或缺席的問題；
- 在有需要的時候，在課堂中給予小息，或是安排學生在學校人員的陪同下到休息室休息；
- 容許學生按能力及狀態參與課堂活動和完成習作，避免令學生承受太大壓力；
- 為學生預備筆記，以減少學生在專注上的負荷；
- 容許學生在課堂內使用額外的學習工具，例如錄音筆；
- 提供功課調適，盡可能減輕學生的功課壓力，例如減少功課量、調節功課的深淺程度、容許學生以口頭匯報代替文字報告等；
- 提供考試調適，例如在考試時容許短暫休息。

整體而言，若果學校及老師能多包容學生受病情影響而帶來的學習困難，並能按學生的特別需要靈活變通給予調適，這將會對有抑鬱症的學生的康復帶來很大幫助。

學校也可以和學生、父母、社工、心理學家和醫生保持聯絡，定期檢視調適的作用和必要性，並在學生慢慢康復後逐步作出調節。

不少有抑鬱症的學生在接受藥物及心理治療後，症狀會逐漸減退，不過康復進度因人而異，有些症狀可在短時間內完全消失，有些症狀則可能持續一段時間。學校宜對學生的康復有合理的期望，以免成為誘發學生再度爆發抑鬱症的外在壓力。

12—願望實現不太難！

「如果我專心上課，你便會給我紫菜作獎勵，對嗎？」胖虎問我。

胖虎，中二男生，有專注力不足／過度活躍症。根據老師形容，上課的時候他不是在班房內走來走去，便是高聲和同學談天。老師曾於他中一時為他設定獎勵計劃以推動他專心上課，可惜成效不大。這天，輔導主任和我相約他，再談談新學年的獎勵計劃。

我答他：「不一定是紫菜，也可以是其他你喜歡的東西。」

胖虎大笑起來：「你們輔導組可是很窮的啊！除了紫菜和零食外，根本買不到吸引的獎勵。這個新的獎勵計劃，我決定不參加了。我已不是小學生，零食這些禮物，我才不稀罕！」

當學生出現行為問題時，老師經常會運用獎勵計劃及增強法去鼓勵學生改善情況。不過，這兩個方法也不是萬試萬靈。計劃要達到一定的成效，獎勵一定要有足夠的吸引力。學生如果不喜歡獎勵，計劃基本上是「輸在起跑線」，而且泡湯的機會也很高。

我微笑著跟胖虎說：「獎勵方面，不一定是零食。我們來商量一下，如果你能夠在課堂保持專注的獎勵，你有甚麼好提議？你喜歡甚麼？」

「真的嗎？」胖虎露出懷疑的眼神，「即是我可以選擇遊戲卡？也可以選擇漫畫？」

輔導主任笑說：「當然可以！輔導組雖然窮，但遊戲卡和漫畫還是買得起的。不過，你可不要選擇意識不良的漫畫！」

胖虎興奮地說：「遊戲卡和漫畫我都喜歡。不過我最想要的，是一本宮崎駿動畫的鋼琴譜！因為我很喜歡彈鋼琴！」

輔導主任和我相視而笑。想不到平時那麼好動的胖虎，喜歡的東西卻是那麼「文青」。

最後，我們和胖虎訂定了具體的目標，並答允他只要於未來的八個星期，於上課的時候保持安坐及安靜，便可以得到他心愛的琴書。老師會記錄他上課專注的情況，而我和輔導主任亦會定期約見他檢視。

獎勵計劃正式開始。

胖虎因為很渴望得到琴書，因此於首個兩星期表現得很好。可是，進入第三個星期，老師表示他又開始在班上出現一些「自由行」行為。

或許有些事情開始並不難，最難在於堅持到底。

我決定和胖虎的班主任談談他的情況。班主任卻表現得相當不熱衷：「我明白你和輔導主任是一片好心，但像胖虎這樣的學生我見過不少。他天生有特殊教育需要，學習動機又很低，我不覺得獎勵計劃會對他有很大幫助。你還是勸他去接受藥物治療吧。」

我嘗試解釋：「他已經正在接受藥物治療，但效果一般。因此，我們想試試不同的方法。」

「唉，明白。獎勵計劃方面，我盡量配合吧。但老實說，我覺得像他這樣的學生未必會有太大進步。」班主任的一席話，令我相當無奈。似乎老師們對胖虎也是毫無期望。

我決定再和胖虎談談。

「我知道你和輔導主任是一片好心，但你們還是放棄我吧！雖然我很渴望得到琴書，但我也有自知之名，根本沒有可能成為一個專心上課的學生。我相信老師們也認為我沒有可能達標。」胖虎跟我分享他的心底話。

心理學中有一個理論稱為「自我實現預言」，指的是一個人對自己的預測或期望，會影響那件事的結果。簡單來說，如果一個人認定自己能夠做到那件事，成功的機會比較高。相反，如果那人一開始已經認定自己不會成功，過程中下的苦功或是動力也會減少，最後成功的機會率亦會降低，變相實現自己的預言。

「你這樣想是因為你有固定性的思維。」我跟胖虎分析。

胖虎好奇的問：「你們心理學家也真的很喜歡拋書包！『固定性思維』是甚麼東西？」

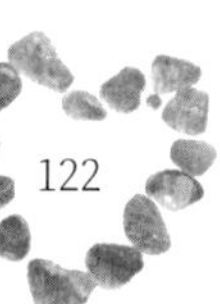

我繼續解釋：「固定性思維，就是認定很多事情都是與生俱來或不能改變，因此即使努力也無法改變事情。剛才你說你不可能成為一名專心上課的學生，我不認同這個說法。如果你真的不能改變，那之前的表現究竟怎麼解釋？獎勵計劃實行後的首兩個星期，你可是非常專注呢。」

「這個……我想我是間歇性轉性吧……」平常聲大夾惡的胖虎一時也不懂回應。

「哈哈，即使是間歇性，也證明了其實你是可以轉變的！我覺得你未能持續保持專注，不是因為你不行，只是你認定自己不行，因此提早放棄了。千萬不要小看自己，我和輔導主任都看好你，並且已在網上查找過哪裡可以買到你喜歡的琴書。」我打開手機，給他看我們之前瀏覽過的資料。

「沒錯，就是這本！我還以為你們只是隨便胡扯，原來你們這麼認真對待這個獎勵計劃！」胖虎興奮地說。

＊＊＊

五個星期後，我和輔導主任把一本宮崎駿動畫琴書遞到胖虎的手中。

「起初我還真的不相信，你們輔導組原來除了送紫菜和一些平價的零食外，居然會有錢給我買琴書！」胖虎大笑起來。

「起初我們也不相信，而你是真的達成了目標呢！老師都說你上課的時候表現得很專心，相對於以前的你，簡直是判若兩人。」輔導主任微笑著說。

「哈哈，如果我願意，我認為我是可以做得好好的！」胖虎很有信心地說。

看到胖虎拿著琴書興奮的表情，我相當感動。

這次獎勵計劃除了讓胖虎得到琴書，更重要的是，讓他重拾對自己的信心吧。

只要不小看自己，最後沒有人能夠小看你。

獎勵計劃怎樣實行？

父母和老師可以運用「獎勵計劃」及「增強法」(Reinforcement)以鼓勵學生展現恰當的行為及減少行為問題。所謂「增強法」，便是當學生做到目標行為後給予正面的回饋及獎勵。例如，當學生能在課堂中保持專注時，老師便給予口頭讚賞及小禮物。這樣做能強化及提升學生展現恰當行為的動機。

不過，獎勵計劃及增強法要達到一定的成效，需要留意以下的細節：

- 父母和老師可以在實行獎勵計劃前，先花一點時間和孩子談談他們希望得到的獎賞。獎賞若然是孩子很渴望得到的，計劃成功的機會便大大提升。
- 高小或中學生渴求自主獨立，因此在可行的情況下，可與他們商討並讓他們自行選擇達標後的獎賞，這樣做能提高他們的自主性及參與計劃的動機。
- 訂立獎勵計劃的時候，需要訂立明確具體的目標、清晰的達標準則，以及檢視的頻密程度。前文的個案故事並未有提及胖虎的獎勵計劃細節，以下讓我們一起來看看箇中詳情：

◇具體的目標

．於未來八個星期，上課的時候要保持安坐（不隨便離開座位）及保持安靜。

◇達標的準則

．於一個課節中，離座次數不多於一次，以及談天次數不多於兩次。

．八星期後，80% 或以上的課堂達標則可以獲得獎勵。

◇檢視的頻密程度

．每課完結後，老師會把學生離座及談天的次數進行記錄。

．每天放學後，教學助理會與學生進行簡單的檢討，看看學生有沒有達標，以及當中的困難。

．教育心理學家和輔導主任亦會定期約見學生，檢視當中的情況。

從胖虎的獎勵計劃，我們可以看到無論是目標、達標準則，以及檢視的頻密程度，也是相當明確及具體的。相反，如果目標或達標的準則不夠明確，例如是「希望學生可以安靜一點」、「達標準則是學生可以乖一點」，孩子或學生便難以明白實質上要做甚麼才可以得到獎勵。

- 執行獎勵計劃的時候，一定要記得定時記錄孩子或學生的行為，不要單憑記憶或是模糊不明確的記錄。父母和老師愈是認真觀察和記錄孩子的行為，孩子便愈是認真對待獎勵計劃及更有動力展現恰當行為。

- 除了給予禮物外，口頭讚賞也能提升學生於課堂中的恰當行為[1]。如果我們能把握讚賞學生的機會，一旦留意到學生出現恰當行為便予以讚賞，學生自然會更願意展現恰當行為。

1 | Partin, T. C. M., Robertson, R. E., Maggin, D. M., Oliver, R. M., & Wehby, J. H. (2009). Using teacher praise and opportunities to respond to promote appropriate student behavior. *Preventing School Failure: Alternative Education for Children and Youth, 54*(3), 172–173.

13｜那天早上，我到元朗喝了一碗雞湯

「你可以跟我們一起去立仔的家探望他嗎？」輔導主任方老師問我。

「開學已經有一個月了，他有回校上課嗎？」我反問。

「沒有啊！自從上次傾談後，媽媽對學校社工，以及我和你的印象很好，因此特別問我們三人可否去她家，鼓勵立仔上學。」輔導主任解釋。

立仔是一名有社交焦慮症的中一學生。他自從六年級開始經常缺課，後來被醫生評定為有社交焦慮症。暑假的時候，輔導主任方老師特別約了立仔的媽媽、學校社工和我，於未開學前商討立仔升中後的支援策略，例如在他感到焦慮時到輔導室聽音樂紓緩情緒、為他配對一些友善的朋輩等。可惜，開學已經一個月了，立仔一次也未踏足過學校。

對於輔導主任的要求，我可是有些猶豫。以往我只會在中心或學校與學生會面，而親身去家訪進行輔導，感覺總是怪怪的。再者，輔導主任和學校社工二人去探望他不是已經足夠嗎？

輔導主任補充：「社工和我對社交焦慮症的情況並不熟悉，如果你也在場，能和立仔傾談一下，我覺得這令他願意回校上課的機會會比較大。」

我支吾以對：「這個……先讓我考慮一下……」

「不用考慮了！哈哈，聽聞立仔可是個美少男呢！你跟我們一起去吧！約定你星期五早上在元朗西鐵站等。立仔住在元朗的村屋，我們在西鐵站乘搭小巴，然後再步行十分鐘便會到他家。」

輔導主任的說話令我哭笑不得。立仔即使長得俊俏，也不會提升我去家訪的意欲。我有那麼膚淺嗎？況且，由我中心去立仔的家大概需要一小時三十分鐘，來回大概需要三小時。這麼遠的路途實在令我懷疑這趟家訪是否值得。

星期五的早上，方老師、學校社工和我，一起坐小巴去立仔的家。不知道是否因為不需要困在學校，方老師和學校社工對是次「郊遊」顯得相當雀躍。我卻感到有點後悔：為甚麼當初不提出與立仔進行視訊會議呢？現在科技那麼發達，在線上與立仔會面，既不用我們三個長途跋涉，也跟親身去與他會面沒有太大分別吧？

「非常感謝你們特地過來探望立仔！立仔在房間內，你們先在客廳等一等，我去請他出來！」媽媽熱情地招待我們。

可是，過了十五分鐘，還是未見立仔的蹤影。

「立仔現在接受藥物治療，焦慮的症狀減少了很多。我相信你們只要稍微和他談談及鼓勵他一下，他一定能夠跨過心理障礙重新上學，而且Diane你還是心理專家呢！他和你見面後情況應該會大有好轉！」

媽媽這番話太看得起我了。即使能夠和立仔交談，我也沒信心能成功勸服他上課，更何況現在他根本不願意出來見我們？

我瞄一瞄手錶，又過了十五分鐘。我再瞄一瞄客廳擺放的家庭照，照片中的立仔，容貌看來相當普通。這趟家訪恐怕會是一趟失望的旅程。

「你們再等一等，立仔很快便會出來與你們見面。我煲了雞湯，你們不嫌棄的話，也來嚐一下。」語畢，媽媽快速地把三碗雞湯放在我們面前。

我一向甚少接受學生或他們家人的禮物。幫助學生是我的本分，接受額外的禮物似乎不太適合。如果是感謝卡或是小禮物還可以，但現在這碗有花膠在裡頭的雞湯卻看似很名貴。

「嘩，這雞湯實在太美味了！」方老師驚嘆。原來在我猶豫之際，方老師和學校社工已經把半碗雞湯喝完。如果我不喝面前的湯，會顯得很沒禮貌吧？

「嘩，實在很美味！」我也禁不住驚嘆，腦海中不期然浮起卡通片《伙頭智多星》中那句「好好味呀！」的對白。

我們三人在客廳等了接近兩小時，但立仔始終沒有出來。

如果我沒有去家訪，在中心或許已經見了兩、三名學生，又或許已經完成幾份報告吧？雖然感覺是荒廢了很多時間，但是在回途時，不知道是因為那碗雞湯，還是因為有方老師和學校社工兩個開心果在旁，我的心還是覺得挺溫暖的。

過了幾天，方老師興奮地致電給我：「你可以來學校見見立仔嗎？他今天終於在學校出現了！他希望在進班房前先和我們三人見面。」

我匆匆趕到學校。在輔導室內，坐著方老師、學校社工，以及一名美少男。立仔似乎比照片帥很多呢。

「你為甚麼突然願意上學了？」我好奇的問。

「雖然我一直待在房間裡，但我也知道你們三人上星期可是長途跋涉的來我家探望我，然後還在客廳裏白坐了兩小時。之前我小學缺課的時候，從來沒有小學老師和社工上來我家。現在你們居然來關心我，還要連心理學家也帶來了。你們這個舉動，讓我有點心動，並覺得這間中學，或許容得下我這種人。」立仔由衷的分享。

說來是有點慚愧，之前一直覺得那趟元朗之旅除喝了一碗「好好味呀」的雞湯外，基本上是有點多餘或白費時間。我怎麼也猜想不到，原來那多走的一步，可以令一個人心動，甚至出現翻天覆地的改變。

雖然立仔比其他同學遲了一個月才正式「開學」，但聽聞他因為俊俏的外型及超凡的打機技術，深受女同學還有男同學歡迎。自此他沒有再出現缺課的情況。

我一直以為心理輔導是助人解開心結的好工具，但想不到這個個案未開始正式做輔導已經可以結束。或許再多的輔導，也不及那微小的關愛吧。

拒學的學生都是不思進取嗎？

「拒學」簡單而言是指因對上學有著極大的抗拒，而經常或持續缺課的情況，但這並不是一個正式的精神科診斷。

當聽到一個學生不上學，其他人或會認為那學生不思進取，或是想躲懶及逃避學習。其實，拒學往往只是問題的表徵或冰山一角的情況，背後可以藏著以下不同的誘因：

- 情緒問題，例如有抑鬱症、焦慮症等。
- 學習困難，例如因有讀寫障礙或專注力不足的問題，跟不上學校課程進度而影響上學動機。
- 朋輩關係問題，例如在校內被欺凌，導致對上學產生恐懼。
- 家庭關係問題，例如因為父母離異，所以想多留在家中陪伴媽媽。

以立仔的情況為例，他不上學的原因，並非因為他懶惰，而是因為他有社交焦慮症。

社交焦慮症的人會持續地害怕一種或多種的社交情境。他們會擔心自己在社交場合中出醜，或是會擔心自己的焦慮症狀被人發現及被排斥。有時候，為了逃避社交場合，他們會寧願不上學或不上班，並長期待在家中。

除了社交焦慮症外，常見的焦慮症還有以下幾種：

- 分離焦慮症（過分害怕父母／照顧者與自己分開）
- 特定性恐懼症（持續地害怕特定事物或場景，如動物、高度、血、打針等）
- 廣泛性焦慮症（對許多事情都過分擔心，並且覺得很難控制此感覺）

如何幫助拒學的學生重新上學？

無論是甚麼原因，拒學的學生可能已經有一段時間沒有回校，他們能否鼓起勇氣重回學校，學校和老師的取態也是非常重要的。

如果學校能給予學生安全感，並容讓學生逐步適應及作彈性安排，學生復課的機會會較大，復課後的適應也會較快。

老師與拒學的學生溝通時，可以：

- 先聆聽他們的心聲，並反映感受。
- 傾談過程中持非批判的態度，避免令學生感到被質疑或受批判。
- 接納及嘗試明白學生的症狀和心路歷程。

· 發揮同理心，設身處地從他們的角度理解其想法和感受，並理解他們的行為表現是可能受病情所影響。

總的來說，雖然結論有點老套，但鼓勵及關愛是幫助拒學的學生重新上學的關鍵。

線上心理輔導有效嗎？

隨著科技進步，以及過往幾年疫情的關係，近年愈來愈多人探討線上輔導的利弊和成效。

一方面，線上輔導有不少好處：

· 更多的彈性，即使那段時間工作或學業上很忙碌，也可以安坐家中接受輔導。
· 節省交通時間。
· 一般來說比傳統輔導較便宜。
· 一些因長期病患、肢體障礙、社交焦慮症、抑鬱症等而未能輕易出外的人也可以透過這個方法接受輔導。

另一方面，線上輔導也有不少弊病：

· 高科技不是永遠可靠，若然電腦或上網系統出現問題或會影響訊息的接收。

· 在家中難以找到一個安靜的地方與輔導員傾談。
· 輔導員未必能準確地詮釋被輔導者的微表情和肢體語言。

有研究發現，線上輔導似乎也能減低抑鬱症及焦慮症的症狀，但跟傳統面對面的輔導相比，成效沒有那麼大，而且也未能令被輔導者出現更多正面的情緒[1]。不過，由於關於線上輔導的研究目前並不是那麼多，因此我們仍需要多些研究結果才能夠有更確定的結論。

不過，個人認為，面對面的輔導比起線上輔導，還是帶著一種不能取替的溫度。

1 | Ierardi, E., Bottini, M., & Riva Crugnola, C. (2022). Effectiveness of an online versus face-to-face psychodynamic counselling intervention for university students before and during the COVID-19 period. *BMC psychology, 10*(1), 35.

14－初來香港的「沒所謂」男孩

「你認為奧雲真的有讀寫障礙嗎？」李牧師問我。

十一歲的奧雲從泰國來港兩年，近日被學校的心理學家評定為有讀寫障礙。由於媽媽只懂泰文和小量中文，因此她聯絡教會的李牧師幫忙跟進奧雲的情況。

李牧師所屬的教會設有專門幫助非華語學生的補習班，但李牧師卻不太認識甚麼是讀寫障礙，於是聯絡我查詢該如何跟進。

我仔細閱讀奧雲的心理評估報告。報告中寫到奧雲的智商屬正常，但中文閱讀和默寫能力卻比一般同齡學生弱，因此被斷定為有讀寫障礙。不過，奧雲的母語是泰文而非中文，而且他學習中文的時間只有兩年，與一般在香港長大的十一歲學童比較，中文較差實在不足為奇。

李牧師和我相約了媽媽談一下奧雲的情況。但我們在教會等了很久，媽媽卻沒有出現。於是，我們決定前往媽媽經營的泰國餐館找她。到達的時候，她正在餐館收銀櫃處休息及滑手機。原來她完全忘記了與我們的約會！

奧雲媽媽看到我們的到來，表現得很熱情好客，拿了很多串燒出來給我們品嚐。

「奧雲在泰國的時候，他的成績怎樣？」我問媽媽。

「他跟我一樣，自小成績欠佳，不過他的說話能力挺好，只是閱讀和書寫方面不行。不過，這也沒所謂吧。」媽媽微笑著回答。

這樣聽起來，奧雲不但是中文的讀寫能力出現困難，就連母語泰文的讀寫也欠佳，似乎真的是天生有一些學習障礙呢。

「你知道讀寫障礙是甚麼嗎？」我繼續問媽媽。

媽媽大笑：「哈哈，我知道，簡單來說就是『文盲』。我也是這樣的！烹飪是我的強項，但文字跟我並不是朋友！你們盡力教奧雲中文吧，但他即使學不懂，也沒所謂。」

觀乎媽媽的表情，她似乎對奧雲有讀寫障礙這回事並不介懷。沒所謂也有沒所謂的好。很多父母總是捉得太緊，認為子女一定要成龍成鳳，否則人生便好像變得毫無意義。不過，甚麼也沒所謂是否也會帶來一些問題呢？

跟李牧師商討後，我決定和教會補習班的老師們輪流教授奧雲常見的字詞和部首。

如媽媽形容，奧雲的說話能力不俗，他雖然只來港兩年，但已能操流利廣東話。相反，讀寫中文的能力卻很弱。除了一些簡單的字例如「人」、「日」、「門」等，大部分中文字也未能認讀。

補習老師們非常熱心地預備了不同的活動和練習給奧雲，並相約他逢星期二、四放學後到教會學習中文。可是，奧雲經常忘記這個約定。一個月過去，奧雲只出現過兩次。其餘的時間，補習老師和我每次都在教會白等他。我隱約覺得奧雲會輕易爽約，與媽媽甚麼也沒所謂的性格有些關係。

有一天，我又在教會等奧雲出現。過了一小時，奧雲的好朋友來了。

「你在等奧雲嗎？他好像去了附近的遊戲機中心打機！」朋友告訴我。

坐在教會既然枉然，我決定到遊戲機中心找他。

「你怎麼來這裡找我？」奧雲看到我的時候表現得很驚慌。

「你忘記了我們的約定嗎？」我微笑著跟他說。

「其實我沒有忘記……只是我中文這麼差，你們還是放棄吧……而且我也不介意自己中文差，成績差我也是沒所謂的……」奧雲支吾以對。

「中文差不是問題，但我介意你放棄嘗試學習，也介意你答應了跟我們會定期見面，最後卻輕易爽約。成績好壞真的沒所謂，但做人要有責任心。」我跟奧雲說。

一星期後，我再跟奧雲見面。

「你今天很準時！我非常欣賞呢！」我表達讚賞。

「哈哈，我怕你又到遊戲機中心找我嘛！我知道你是不會放過我的了！不對，說錯了；應該是，我知道你是不會放棄我的了！」奧雲做了一個怪臉，我也不知道這個操流利廣東話的男孩是真的說錯，還是故意說錯。

＊＊＊

八年後，奧雲完成了中六課程，正式中學畢業。我並不知道他最後公開考試的成績怎樣，但這個也沒所謂了。更重要的是，李牧師告訴我，奧雲畢業後很快找到工作，而且認識他的人也經常稱讚他做事盡責呢！

少數族裔而有特殊教育需要的學生有甚麼支援？

根據二〇二一年的《施政報告》，香港少數族裔人口持續上升，約佔全港人口8.4%[1]。於過去十年，給少數族裔的支援服務比以往多，而且也有更多社會服務和機構留意到他們的需要。當中一些給予少數族裔的支援包括：

- 取錄非華語學生的幼稚園、小學及中學，可以向教育局申請資助，並可為非華語學生提供不同的安排，例如課後支援、增加中文課節、抽離學習等。
- 政府於二〇一四年起在中、小學開始實施「中國語文課程第二語言學習架構」。學校及教師可以因應非華語學生的學習特點，有系統地按需要調適中文課程，並且由淺入深幫助非華語學生解決學習中文作為第二語言的困難。
- 現時有不同的培訓給老師，教導他們怎樣幫助非華語學生學習中文。
- 高中的非華語學生可以選擇修讀「應用學習中文（非華語學生適用）」科目。如果選修這個科目而成績是「達標／達標並表現優異」的級別，一般大學和專上學院都會視之為相等於中學文憑試中國語文科的第三級成績或以上，亦即是符合最低入學要求。
- 新來港的非華語孩子可以參與教育局的「啟動課程」和「適應課程」，從而更快適應香港的生活和學習。

1 香港特別行政區政府統計處（2021年12月）。《主題性報告：少數族裔人士》全文。https://www.censtatd.gov.hk/en/data/stat_report/product/B1120111/att/B11201112021XXXXB0100.pdf

少數族裔學生在港學習或會遇上甚麼困難？

雖然目前支援已比以往增加了不少，但少數族裔孩子在學習方面仍然面對不少困難：

- 不少非華語學生的父母中文程度稍欠，有些甚至完全不懂讀或寫中文。此外，少數族裔人士多聚居在一起，因此他們回到家中和他們居住的社區，往往會使用自己的母語，例如泰文或者印度語。很多少數族裔學生因為欠缺學習中文的語言環境，所以中文程度或會與一般本地學生出現差距。根據立法會二〇一六年的數據，在港的南亞裔學生中，分別只有 66% 的小學生和 68% 的中學生能夠書寫中文[2]。
- 香港政策研究所於二〇一八年的調查發現，約八成受訪的少數族裔中學生認為學校老師並不清楚了解非華語學生在語言方面的學習障礙[3]。雖然政府已經增加培訓及為中文科課程設定學習架構，但不少老師因為在大學受訓時並沒有學習過如何教非華語學生，因此老師面對基礎薄弱的非華語學生，有時候還是不知從何入手。
- 心理學家 Stanovich 曾提到一個稱為「馬太效應」的理論——閱讀能力愈高的學生愈能讀更多的字，閱讀能力低的學生，懂讀的字彙則維持很少，兩者的閱讀表現差距從而

---

2 — 立法會秘書處資料研究組（2018）。數據透視 *ISSH10/18-19*。https://www.legco.gov.hk/research-publications/chinese/1819issh10-education-challenges-faced-by-south-asians-20181128-c.pdf

3 — 香港政策研究所 教育政策研究中心（2019）。「悅」讀中文：中小學非語文科目教科書中文讀寫要求調查。香港政策研究所。

愈拉愈大[4]。這個名詞是借用了《聖經》之中〈馬太福音〉第二十五章二十九節中所說：「凡有的，還要加給他，叫他有餘；沒有的，連他所有的也要奪過來。」意思大概指富者愈富，貧者愈貧。這個現象也是經常會在少數族裔孩子學習中文的時間往往比本地學生遲，以致中文能力大多比本地同齡朋輩弱，這樣會令他們容易感到挫敗，繼而出現放棄或逃避的情況。而一旦他們放棄努力學習中文，中文能力與別人的差距又會愈來愈大，形成惡性循環。

有時候，一些少數族裔的學生可能被老師懷疑有學習困難，例如是讀寫障礙。可是，心理學家要評定他們是否真的有障礙也有相當的難度。較早前曾提及過，在進行讀寫障礙的評估時，心理學家會安排學生完成一些中文讀寫能力的測驗。可是，那些測驗基本上是為一般香港學生而制訂，而且是以中文進行。當非華語的學生接受測試時，由於他們學習中文的時間可能較一般本地學生短，因此測出來的成績即使較差，亦很難判斷他們是有先天性的障礙還是受後天因素影響。如是者，一般心理學家也會待學生來港一段時間，例如是一至兩年之後，才替學生進行評估。在進行評估的時候，也會花多一些時間了解父母的觀察，特別是孩子是否自小出現閱讀和書寫的困難。以上這些情況或會令到一些有特殊需要的少數族裔學生延遲了接受評估及得到適當支援的時間，並且在評估後有時還存在一些問號。

4 | Stanovich, K. E. (1986). Matthew effects in reading: Some consequences of individual differences in the acquisition of literacy. *Reading Research Quarterly, 21,* 360-407.

「成長性思維」有何重要性？

在回應少數族裔孩子的需要時，我們除了要在學習上幫助他們外，照顧其心理需要也是非常重要。其中，我們作為照顧者的心態相當關鍵。如果我們也認定少數族裔孩子不能夠學好中文，那麼少數族裔孩子便可能會不知不覺受我們的心態影響，而發展出「固定性思維」。相反，如果我們能夠抱持開放的態度去教育孩子，並相信一個人的努力有機會改變未來，少數族裔孩子便有更大的機會發展出「成長性思維」。

「固定性思維」（Fixed Mindset）及「成長性思維」（Growth Mindset）是美國的心學學者 Carol Dweck 提出的[5]。固定性思維的人認為很多事情都是與生俱來，成功與否取決於一些既定的因素，例如是性格與天生的能力。因此，擁有固定性思維的人遇到問題時會較易放棄及視自己為失敗者。相反，成長性思維的人認為一個人的努力與堅持能夠影響甚至改變事情的結果，並更勇於嘗試及願意堅持。不少研究發現，成長性思維會為學生的成績帶來正面的影響[6]。因此，在支援少數族裔孩子的路上，我們也應保持及鼓勵學生相信——只要不放棄，凡事都有可能。

5 | Dweck, C. S. (2006). *Mindset: The new psychology of success.* New York: Random House.

6 | Claro, S., Paunesku, D., & Dweck, C. S. (2016). Growth mindset tempers the effects of poverty on academic achievement. *Proceedings of the National Academy of Sciences, 113*(31), 8664–8668.

15 一 意想不到的週記

「這是阿豐的作文，文章欠組織，而且有點語無倫次。」輔導主任王老師把阿豐的作文遞給我看。

阿豐是一名中四男生。在中一的時候，他曾因經常在學校打架和在便利店偷東西，而被學校轉介來見我。其後，阿豐被精神科醫生評定為有「對立性反抗症」。自此，輔導主任和我便定期與阿豐會面，教導他調控情緒及行為的技巧。

經過兩年的跟進，阿豐的行為大有改善。由於情況穩定，我已經有一段時間沒有與阿豐見面。對於輔導主任突然把他的作文給我看，我有點意想不到。

王老師解釋：「根據中文老師形容，阿豐的作文能力一向不俗，但前幾天卻寫了這篇奇怪的週記文章。另外，其他老師留意到阿豐近日經常在課上睡覺，說話表達也有些紊亂。」

我接過阿豐的文章，題目是《記一件意想不到的事》。文章內容大致如下：

「達西施是南國的大將軍，受萬人景仰。由於宰相華德妒忌他的才能，因此向皇后打小報告，誣告達西施其實是北國的間諜。皇后聽到後大怒，並把達西施流放邊疆。達西施被流放後生活艱苦，終日吃樹皮維生。他立定心意要率領密密國的士兵向陷害他的人報仇。及後，他發現了一件意想不到的事——原來雅典娜女神一直十分傾慕他，並願意幫助他報仇。」

怪不得老師看畢後會感到奇怪。週記文章不但離題，而且情節也非常離奇。究竟達西斯是誰？中間出現的密密國士兵又是甚麼人？不過最意想不到的，還是最後突然殺出一個雅典娜女神來？

我立即安排時間與阿豐見面。

＊＊＊

坐在我面前的他，看來非常疲倦。

「阿豐，我們很久不見了！你好嗎？」我嘗試打開話題。

阿豐悄悄問我：「這個房間會隔音嗎？我並不想其他人聽到我們的對話。」

在確定沒有其他人聽見後，阿豐繼續說：「近日我經常失眠……」

「為甚麼睡不著？有很多東西想嗎？」我問。

「沒有特別想甚麼，就是睡不著。」阿豐低頭說。

「王老師給我看過你近日寫的週記，文章很有創意，但似乎有些離題。中文老師請你記一件意想不到的事情，應該是希望你記錄發生在自己身上的事。你寫的文章卻像奇幻小說的劇情。那些劇情，是真實的嗎？」我好奇的問。

年青人總是比較多怪主意，或許阿豐也是一時心血來潮，才把這些奇怪的情節寫下來？不過是次見面，阿豐的眼神好像有點閃縮，而且相比起以前精神奕奕的他，感覺總是怪怪的。

「阿豐，你今天好像有點古怪，你是不是有甚麼難言之隱？如果有，可以告訴我嗎？」我友善的問他。

阿豐上下打量我，然後壓低聲音說：「念在我和你相識多年，我把秘密告訴你。其實，我就是達西施大將軍，我早前被其他人陷害。經過我連日來的部署，密密國士兵已經隨時準備突襲南國，我因為忙於部署，以致晚上總是睡不著呢……」

我整個人呆了。這些應該是阿豐妄想出來的吧？

我嘗試冷靜地追問他：「明白……那麼雅典娜女神有沒有給你援助？她是真有其人，還是你自己想出來的人物？」

「當然是真有其人！你看，這就是她的臉書！她經常會讚好我的帖子，我知道她是十分愛我的！」阿豐把手機遞給我看。

阿豐的臉書上的確有一名稱為「雅典娜」的朋友，但至於是否迷戀阿豐則是無從稽考。另外，阿豐的臉書上也有很多奇怪的帖子，例如是一些坦克車和士兵的照片，以及是類似「陷害我的人都要死！」的文字。

雖然不想接受，但阿豐的情況像極那些有思覺失調的人。

＊＊＊

「上個月我和他見面時，他還是好端端的，想不到他會突然出現這些精神異常的狀況。」王老師聽到我的觀察後嘆氣。

我點點頭：「的確有點突然，幸好你們及早發現。及早察覺和治療可以減低思覺失調帶來的傷害和避免病情惡化。不過，現在還未可以肯定他是否真的有思覺失調。我們最好盡快安排他見見精神科醫生尋求專業意見。」

由於事出突然，王老師一時也顯得有些不知所措，連忙拉著我去找甄校長商量如何跟進。

我與甄校長並不相熟，但根據我的印象，甄校長是大忙人，我們這樣突然打擾他好像不太恰當？

「聽你們這樣說，阿豐的情況應該需要盡快處理，否則有機會令自己和他人受傷害，對嗎？」甄校長工作雖然非常忙碌，但仍然花了一段時間聆聽王老師和我講解。

「沒錯，我們會先聯絡他媽媽。阿豐現在仍然有定期見精神科醫生，剛巧下星期會覆診，如果媽媽同意，我們可以陪伴一起去見醫生，並把他的情況轉告醫生。不過，我擔心阿豐會認為我們這樣做是要陷害他，因為現在他變得十分多疑。」王老師向校長解釋。

「這樣吧，我也和你們一起陪他去醫院。即使發生突發的事情，也可以有多一個人照應。」校長提議。

甄校長也真的是一位非常關心學生的校長。不過，我望著校長桌上堆積如山的文件，禁不住說：「校長，我知道你的工作非常忙碌。要勞煩你跟我們一起去醫院，實在不好意思！或許我們陪阿豐去醫院後，再向你報告情況？」

「沒問題，我陪你們去吧，我也想親身支持及陪伴阿豐度過這個難關。」

離開校長室的時候，我回頭看看校長的樣子。如果這個世界真的有達西施大將軍，甄校長或許也是某國的皇帝吧。而且，這名皇帝應該是眾國之中，最善良、最仁慈的皇帝。

＊＊＊

一如我所料，阿豐起初並不願意讓我們一起陪他去覆診。我們用了很多唇舌，嘗試讓他明白我們這樣做是出於關心。後來，阿豐聽到校長也一起去醫院，態度突然軟化下來。阿豐對校長的印象很好，認為甄校長這樣做是真心想幫他。

最後，甄校長、王老師、媽媽、阿豐和我一起去見精神科醫生。

看過阿豐的狀況，醫生提議讓他住院一段短時間，以接受觀察和治療，阿豐也答應了。離開醫院的時候，甄校長主動提議：「我今天有駕車來，我載你們到九龍吧。」

王老師和我連忙推辭。要皇帝親自駕車接載我們這些平民實在不好意思！

「你們不要客氣，更何況我聽說 Diane 你懷孕了。未來應該有一段日子，我們未必會再見吧？」甄校長微笑著問。

「沒錯，我下個月開始會放假安胎，暫時也不知道何時復工。可能要待孩子出生後才會再見面。甄校長，感謝您今天的陪伴。」我打從心底裡感謝這名非常善良的校長。

＊＊＊

某天，我正在家中和孩子玩耍，突然收到王老師的來電。

「在家帶孩子開心嗎？」王老師問我。

孩子出生後，我由全職轉做半職工作，並離開了之前服務的機構。

「還可以！阿豐情況怎麼樣？」我一邊對著電話筒說話，一邊拿著玩具逗孩子。

「阿豐的情況還可以，可是……甄校長近日突然離世了。我想把消息親自告訴你……」

——電話之中一片靜默。

掛上電話後，我腦海突然一片空白……

人生總是充滿著許多意想不到的時候，而那些時候又往往不是我們可以控制的。

不過，甄校長教會了我，即使環境突然轉壞，即使情況不由自主，我們還是可以選擇善良做人。

我又望望正在玩耍的孩子。

待孩子長大後，我還要教導他們像甄校長那樣善良待人呢。

甚麼是「對立性反抗症」？

相對其他的兒童問題（例如自閉症譜系障礙），對立性反抗症較少被人提及，甚至很多人對這個狀況都毫無認知。對立性反抗症是一種兒童期常見的精神問題，大約有百分之五的兒童患上。

常見的徵狀包括：

- 經常發脾氣；
- 容易生氣及敏感；
- 經常表現得惱怒及憤恨；
- 跟有權威的人士（例如父母或老師）爭吵；
- 主動反抗或拒絕服從大人的要求或規定；
- 故意激怒他人；
- 將自己的過錯或不良行為歸咎他人。

有對立性反抗症的人最少有以上四種症狀，而且症狀維持多於六個月。

以上症狀往往會為社交、家庭關係，以及學業帶來負面影響。因此，如果懷疑子女有對立性反抗症，父母應盡早帶子女接受評估，以安排合適的治療及支援訓練。透過不同的觀察測試，心理學家和精神科醫生可以了解及分析患者的病徵，從而診斷出孩子是否有對立性反抗症。

對立性反抗症的治療，主要包括父母管教訓練、家庭治療，以及個別輔導（例如認知行為治療、社交技巧訓練和情緒調節訓練）。藥物並不能直接改善對立性的行為，但如果孩子本身有其他併發問題，例如專注力不足／過度活躍症，或者有嚴重、特別是暴力或衝動行為，醫生則可能會處方藥物。

甚麼是「思覺失調」？

思覺失調是指一種異常的精神狀態，患者會出現幻覺、妄想、思想及言語混亂的情況。思覺失調較多在年輕人身上初發，發病年齡大多在二十至三十歲間，而男性病發年紀被發現較女性早三到五年。醫學界對思覺失調的成因暫未有定論，但根據世界衛生組織的資料，思覺失調似乎與遺傳因素、環境壓力及濫用藥物有關係[1]。

思覺失調常見的徵狀包括：

◇ 妄想

堅信一些脫離現實或違反邏輯的想法，例如：

1 | World Health Organization. (2024). *Schizophrenia.* https://www.who.int/news-room/fact-sheets/detail/schizophrenia

· 覺得有人在監視自己。

· 覺得自己被迫害，或是有人有針對自己。

· 即使遭到對方嚴詞拒絕，但仍堅信他人對自己產生了愛情。

· 認為自己的行動、思想、語言被外來神秘的力量入侵和控制。

· 認為自己是有名、偉大或萬能的人士甚至使者。

◇ 幻覺

感官出現異常，如看到、聽到、聞到，或身體感覺到一些不存在的影像、聲音或事物，但當事人覺得非常真實。

◇ 言語紊亂

思緒變得混亂無條理，說話內容缺乏條理及組織、空洞，又或令人難以明白，甚至語無倫次。

與其他疾病一樣，思覺失調是有機會康復的。及早察覺對治療的過程和療效都會有幫助。相反，若然到病情發展到較為嚴重時才識別和治療，療程可能需要較長時間。因此，如果你發現家人或朋友出現上述情況，應盡早鼓勵他們尋求醫生的診斷。

有一樣事情值得我們留意，就是在思覺失調初發的時候，情況未必那麼明顯或容易被旁人察覺。一些早期思覺失調的狀況包括——工作／學習成績突然變差、難以集中精神、變得多疑、情緒容易變得激動或麻木、個人衛生變差。如發現身邊人出現這些問題，我們可以先跟有恆常接觸他的人溝通一下，看看大家的觀察是否一致，並於有需要時一起表達關注，鼓勵他／她及早求助。

家人和朋友如何幫助有思覺失調的人士？

思覺失調的治療方法，主要包括藥物治療、心理治療和復康訓練。另外，思覺失調的康復期大多需要一段比較長的時間，例如是至少幾個月。有些患者在徵狀未完全受控時，會感到沮喪，或擔心自己不能康復。朋友和家人可以在過程中嘗試伸出援手：

◇ 鼓勵患者積極接受治療

在病發初期，患者可能不太願意接受治療。他們或會擔心別人知道自己需要接受精神科治療，或是對治療抱有懷疑或顧慮。這個時候朋友和家人可以先耐心聆聽患者的想法，嘗試理解他們的立場，然後再冷靜地與患者討論及早治療對康復有莫大幫助。

◇接受患者因徵狀而產生的行為

研究發現，若家人對患者持敵對、苛責或挑剔的態度，會使患者更易復發[2]。因此，家人應盡量採取平和、不批判的態度，例如避免與患者爭辯某些幻覺和妄想的內容及其真偽。

◇為患者訂定規律的生活

家人可以為患者訂立每天的作息時間表，盡量協助及鼓勵他們維持正常的日常及社交生活。另外，家人和朋友也可協助患者專注於疾病以外的事情，例如多些與患者傾談及鼓勵他們做感興趣的事情。

◇留意復發徵狀

患者或會有些反復的情況，但他／她自己又未必會留意到那些狀況，因此身邊的人可以多加留意，並鼓勵患者在有需要時安排提早覆診。一些早期復發的徵狀，包括抑鬱、對事物失去興趣、感到被嘲笑或被人談論等。

2 | Brown, G. W., Monck, E. M., Carstairs, G. M., & Wing, J. K. (1962). Influence of family life on the course of schizophrenic illness. *British Journal of Preventive & Social Medicine, 16*, 55-68.

16—每顆都不一樣的小石頭

一個笑容滿面的女孩子走進我的房間。

小慧的笑容燦爛，怎麼也不像是一名失去了雙親的中四少女。

我問小慧：「你知道學校社工為甚麼會安排你與我會面？」

「大概是因為我爸媽於上個月相繼因病離世吧。」她用平淡的語氣回答。

我續問：「那你願意跟我談關於你爸媽的事嗎？」

小慧微笑著回答：「好的，我就跟你談談吧。」

於是，小慧跟我講述她爸媽離世時的情況和她的心情。她的表達很流暢，說話也十分有系統。只是她那種平淡的語氣及理性的態度，總令我覺得怪怪的。

「其實我已比很多人幸運，起碼我還有一個孿生姊姊。」這是第一節輔導結束時，她帶微笑說的。

我望著小慧的背影，不知怎地，忽然聯想到一塊石頭。

學校社工轉介小慧來見我的原因，是要我為她處理哀傷。但她並沒有表現出任何難過的情緒，那何來處理？她的表現是掩飾？還是性格如此？

＊＊＊

一個星期後，我再約見小慧，這次我決定不再把焦點放在她雙親的事上。

她甫進來時，仍舊掛著一個燦爛的笑容。

「跟我談談你的胞姊吧。」我說。

「你不是要跟我繼續談父母的事情嗎？」小慧流露出詫異的表情。

「上次我們已談過了，我反而想更認識你及你的胞姊。你的姊姊是個怎樣的人？」我好奇地問。

「我覺得她是一個完美的人。成績好，人品佳，情緒智商極高。雖然我們是孿生的，但我們的性格各異。她從來不發脾氣，遇到任何事情也表現得十分冷靜，絕對不會失控。我卻不能像她這樣冷靜處事。」小慧忽然收起她的笑容。

「你失控時會怎樣？你近期有試過失控嗎？」我問小慧。

「近期的確是試過有一些失控……」

「其實我覺得父母病倒，是因為要照顧公公婆婆太操勞所致。然後我覺得自己是不祥人，並認為父母的死或許與我有關……因為我成績不像姊姊那麼好，經常要他們替我操心。我知道這些想法都是不理性的，於是我不停告訴自己要理性一點和保持冷靜。可惜，前幾天我忽然按捺不住，在家中大叫及亂掉東西。我覺得自己這樣很錯，我應該要學像姊姊一樣那麼冷靜。」小慧帶點激動的說，我也有些被她突如其來的激動嚇倒。

頓了片刻，我回過神來，慢慢的對她說：「當我們面對一些難以接受的事情或噩耗，我們有時會出現一些非理性的想法，有時會怨天尤人，有時甚至會情緒失控。這些感覺都是很正常的。」

我看見淚珠在小慧的眼中打滾，於是又停了一會，說：「我不認識你姊姊，如你所說，或許她是一個極度冷靜的人，但這不是我關注與著緊的。我現在只想關注你的感受與想法。告訴我，你真的覺得自己比很多人幸運嗎？」

小慧雙眼通紅，淚水不住的流下：「不，我覺得這世界很不公平，我覺得父母的死與自己有關，我覺得自己的人生充滿厄運！但我知道這樣想十分不理智……」

我給她遞上一張紙巾，輕輕的對她說：「不用怕，就讓我們來不理智一下吧！」

其實不少人也會像小慧一樣，以為自己有負面情緒和想法是錯的，因此會選擇把這些感覺埋藏在心裡。不過，情緒是一件很奇怪的事情，你愈是壓抑或逃避，有時候這或會帶來愈多負面情緒，甚至影響自己的心理健康。

在往後的數次會面，我和小慧逐一探討她那些負面的想法，包括她把父母的離世歸咎於祖父母，以及認定自己會給別人帶來噩運。她不再像初次見面時臉上掛著笑容，說話時也沒有以往般那麼有條理。有時說得激動，還會不住的哭泣。

＊＊＊

暑假將至，一天晚上我打開抽屜，細看我收集的石頭。我拿出了其中一顆我最喜歡的。那顆小石頭呈灰藍色並帶有光紋。翌日，我把那顆石頭送給了小慧。

小慧接過石頭笑道：「哪有人送石頭給別人當禮物？」

我也笑道：「這可是我收藏的石頭當中最喜歡的一顆呢。」

小慧不解：「你不但送石頭給別人，還會自己收藏？」

我拿起石頭說：「你看這一顆灰藍色的石頭，可能你覺得它比起珍珠或瑪瑙不見得特別漂亮。但如果你仔細看它的光紋，你就會發現，它的紋理是多麼的清晰細膩、多麼的特別。我喜歡收藏石頭，因為它們每一顆都不一樣。每一顆石頭經過風吹、日曬、雨淋的風化作用，皆會形成它們獨有的紋理與光澤。」

小慧一邊細看那顆石頭，一邊說：「既然它這麼特別，你還是不要把它送給我了。你送了這顆石頭給我，以後恐怕找不到同一樣的了。」

「找不到一樣的也不打緊，因為這正是石頭的特性。我只希望你每次看到這顆石頭，都可以想起自己就像這石頭一樣，是何等的特別及與眾不同。人生總會經歷高低起伏，很多事情並非我們能掌控或能用理性解釋。但我相信，一個人經歷風雨後，這人會如石頭般，更展現其獨有的生命力。」

「Diane，多謝你。」小慧哭了，然而又笑了。

我一時間也無發分辨她是在哭，還是在笑。但比起一年前那個裝作樂觀冷靜的「石頭人」，我還是較喜歡這個在我面前又哭又笑、富有生命力的女生。

關於哀傷，你懂得嗎？

哀傷是對失去的自然反應。當我們面對家人、朋友或摯愛不幸離世時，我們或會經歷一連串複雜的情緒，例如悲傷、恐懼、憤怒、自責和混亂。這些情緒都是正常的反應，但在我處理的個案當中，我發現不少人都會對哀傷有以下的誤解。

◇ 誤解：出現這些負面情緒，代表自己很軟弱，因此強迫自己要堅強地面對失去。有時候，其他人會嘗試藉著一些安慰的說話，例如「不要傷心」或「你要堅強」去鼓勵經歷哀傷的人。喪親者或會因此而認為自己出現負面情緒是錯的，又或者會因為不想其他人擔心而故作堅強。

事實：感到悲傷、害怕或孤獨，是對失去親人的正常反應。哭泣並不代表一個人軟弱。把負面感受藏在心裡，長遠來說，並不是一個健康的做法。相反，和可信任的家人和朋友真實地表達自己的感受，能夠有助喪親的人慢慢從哀傷中一步步走出來。因此，當我們面對喪親者，我們不宜急於叫他們要振作或堅強起來。這個時候，聆聽其感受和作出陪伴，對他們來說是最好的良藥。

◇ 誤解：認為自己要快點從負面情緒走出來，或者給自己一個限期，例如是必須於未來三個月或半年完全放下哀傷的感覺。

事實：哀傷期的長短因人而異，也視乎二人生前的關係，以及摯親離世的原因和過程。有些人比較快便可以回復正常的情緒及放下哀傷，有些人則需要多點時間才能夠慢慢適應失去摯愛後的生活。如果需要更多的時間復原，不要責怪自己。再者，若然給自己太大壓力要在特定時間內復常，結果或許會適得其反。

◇ 誤解：放下哀傷的感覺，等於自己放下和遺忘離世的人。相反，如果自己一直活在哀傷中，則彷彿和離世的人繼續有一種聯繫和連結。

事實：喪親者能收拾心情，代表他／她能逐漸接受離世者不在的生活，但這並不代表他／她已把對方遺忘。事實上，我們與離世者的美好回憶，以及那些共同的經歷，會繼續在我們的生活和生命中影響著我們，只是我們已經能夠慢慢把悲傷的感覺轉化成思念。

失去親友的時候，我們可以怎樣幫助自己復原？

面對親友離世時，我們可以透過以下的方法幫助自己度過哀傷期：

- 接受親人已經離去的事實，接納自己在過程中可能會出現各種不安的情緒。
- 了解不安情緒或會持續一段時間，及後才慢慢減退，給予自己一些時間，不用急於平伏不安。
- 多與信任的人溝通聯繫，表達內心感受，如有需要，找親友陪伴支持。

·接納自己可能有時候會感到好一點，但有時也會出現纏繞不斷的不安思緒，尤其在一些特別日子（例如生日、節日）。

·保持健康的生活規律，例如充足休息、健康飲食、適量運動等。

·用適合及自己感到舒服的方式悼念逝者，適當地回憶逝者美好的生活點滴。

總的來說，失去親友的時候，我們或要有心理準備，在未來一段時間會與哀傷同行。大部分喪親者都能度過正常的哀傷期，漸漸走出哀傷。不過，假如喪親者的哀傷持續一段長時間也沒有減退，甚至出現一些嚴重的精神健康徵狀（例如持續情緒低落、睡眠欠佳、食欲異常，甚至出現傷害自己的想法等），以及受哀傷影響而未能過正常生活和社交，這就有可能代表出現了「複雜性哀傷」的狀況。假如出現上述情況，應盡早尋求專業人士協助。

17—教育心理學家的心動旅程

「你媽媽剛剛走了，快一點來醫院吧……」醫院護士聯絡我。

一小時前，我還在醫院陪伴著患病的媽媽。離開醫院去接孩子放學的時候，她的心還在跳。接過來電後，我匆匆忙忙的又趕到醫院。到達病房的時候，媽媽已經沒有心跳，而我的心也彷彿停頓了。

數天後，我回到中心和同事開工作會議。

同事們熱切不停地討論著項目的內容，我腦海中卻不停浮現過去大半年所發生的事，及一些零碎的回憶——

「你爸爸走了，你快一點來醫院吧……」是護士的聲音。

「你媽媽癌症復發了……」是醫生的聲音。

「你爸爸才剛離開，如果我在這個時候也走了，你們兩姐弟豈不會突然喪失雙親？我會接受化療的……」是媽媽的聲音。

「你媽媽的情況並不樂觀，你們要有心理準備……」又是醫生的聲音。

「你覺得我還可以捱多久……」又是媽媽的聲音。

「你媽媽剛剛走了，你快一點來醫院吧……」又是護士的聲音。

……

「你有意見嗎？」同事們的聲音把我帶回現實。

「不好意思……我沒有意見……」我吞吞吐吐的答。

會議後，我決定暫時不接見新的個案。以我現在的精神狀況和情緒，做文件的工作應該還可以，但新的個案卻應無力跟進。

以前我也輔導過一些父母於短時間內相繼離世的個案，但當事情發生在自己身上時，我才發現，原來心碎的感覺，比想像的來得更纏繞。

＊＊＊

如是者過了半年。在這段時間有很多家人、朋友關心我。他們陪我去拿父母的骨灰，陪我過第一個父母不在的生日，又陪我去高級酒店享用下午茶。和他們在一起的時候，我總會感到沒有那麼寂寞。

某天，我收到一名師姐的電話。

「你可以替我朋友的女兒進行輔導嗎？」

「我……」雖然已經過了半年，但我的心始終猶如停頓著。表面上我像正常人一樣呼吸和過活，有時候我還會裝笑，但事實上，我還未能度過哀傷期，而且經常悶悶不樂。

我怎能用這個狀態替別人進行輔導？

師姐卻沒有等我把話說完：「朋友的女兒讀大學一年級，幾個月前確診患上癌症。她已完成化療的過程，現時在家中休養。不過她媽媽發現她經常悶悶不樂，擔心女兒情緒有問題。我會請她去你中心見一見你。」

癌症，一個熟悉的名詞。最後，我也不知道為甚麼，居然答應了師姐的請求，接見這個案。

＊＊＊

敏儀和她媽媽於幾天後來到中心。

「你竟然會知道那麼多關於化療的事情，我和你傾談時，感到很安心呢！」敏儀媽媽跟我分享她的感受。

「或許因為我是過來人，所以現在才可以成為同行者吧。」——不過這句話我終於還是沒有說出口。工作時還是不應提及自己的私事。

「我見敏儀經常悶悶不樂，很擔心她會有抑鬱症或者焦慮症。麻煩你好好跟進她的情況。醫生建議她多休息四個月才上學，所以這段時間她都會在家休養。」媽媽拜託我。

我和敏儀進行了一些評估。結果發現，她並沒有情緒問題，只是長期待在家中令她感到很苦悶。簡單來說，她不是特別低落，也不算是有任何心理問題。

傳統心理學的焦點在於治療人的心理問題。如果根據這個方向分析敏儀的情況，她因為沒有任何心理問題，所以用不著輔導跟進。不過，近代心理學家卻提倡一種名為「正向心理學」的理論。這個理論提出即使一個人沒有問題，但心理學家仍然可以透過不同的方法，助那人發展出更多正面的情緒和尋著生活的滿足感。或許，我也可以幫助敏儀變得快樂一點？

「我現在的免疫力很低，因此會盡量留在家中休息。再者，我不太喜歡戴假髮，又不喜歡以光頭的形象示人，所以最好還是待在家。不過，這也真的是很苦悶。」敏儀語調很平靜，臉上也沒有任何表情。或許經過痛苦的化療後，整個人會變得有點麻木吧？

「你有沒有聽過『心流』這個概念？當我們專心致志完成一件事情的時候，我們會進入一種忘我和『快樂不知時日過』的狀況，我們稱之為『心流』。或許你可以想想在家中可否每天進行一些活動，令自己進入『心流』的狀態？這樣做會減退苦悶，並令時間過得快一點。」我提議。

敏儀臉上出現了一個小小的微笑：「我想到了，在我等待自己康復的這段時間，我可以專心追我兒時的夢！」

我微笑道：「聽起來很熱血呢！你兒時的夢想是甚麼？」

「小學的時候，我曾經希望可以成為廚神！像Gordon Ramsay或Jamie Oliver那樣！」敏儀帶點興奮的說。

「你很喜歡烹飪？你會煮甚麼菜式？」我感到很好奇。

「我一直很喜歡烹飪，但說來有些慚愧，我會烹煮的菜式很少。因為未患病前，父母認為我應專心讀書，不應花太多時間在無聊的興趣上。而且我修讀的科目是法律，烹飪與法律基本上是毫不相關。不過，我現在難得空閒，或許可以專心鑽研烹飪這回事！」敏儀連珠炮的分享。

＊＊＊

往後的幾個月，我定期與敏儀見面。敏儀每次都會很雀躍地分享她在家每天試煮過的新菜式——糖醋排骨、蘿蔔牛腩、粟米斑塊、蒜香雞翼……

每次的輔導都讓我垂涎三尺。

「昨天我弄了咕嚕肉，還以為會很難煮，但原來比我想像中容易！」敏儀興奮地分享。

雖然我只有聽卻沒有吃的份兒，但聽著敏儀快樂的分享，我彷彿也尋回了點點快樂的感覺。

＊＊＊

時光匆匆飛逝，四個月很快過去。敏儀的頭髮慢慢長回來，她臉上的笑容也愈來愈多。

而我，也重新投入工作，漸漸再接見不同的新個案。

之前陪媽媽接受化療的時候，我心裡一直很渴望她會康復，最後當然沒有發生。當看到敏儀慢慢康復的時候，我覺得她的經歷，彷彿填補了我心中的遺憾。

「這個砂鍋雲吞雞是給你品嚐的！」敏儀把一個湯壺遞給我。

「哈，所以你是要我當白老鼠了？」我笑著把湯壺接過來。

「我廚神煮出來的菜式，並非人人都有機會吃到！你有幸品嚐，應該感到很幸福才對！」

敏儀做了一個鬼臉。

「還有，下星期，我便重新上學了……感謝你陪我走過這段艱難的時間！」

「不用客氣……」我沒有把話說完。

「感謝你陪我走過這段哀傷的時間！不知道是因為時間久了，是家人朋友的陪伴，還是因為看到你能夠尋回快樂……我一直停頓了的心，彷彿再次跳動了！」——這句話，我終於還是沒有說出口。說出來是有點太肉麻吧？

敏儀忽然好奇的問我：「甚麼事情會令你進入心流的狀態？」

我笑著答：「有很多事情都會令我進入忘我的狀態，例如寫作、唱歌，還有……」

還有，就是在接見個案的時候吧！

過程中能和不同的人相遇，感覺時間總是過得很快呢！

甚麼是「正向心理學」？

「正向心理學」的發展，源自美國著名心理學家馬丁・沙利文博士（Martin Seligman）[1]。沙利文博士指出，過去的心理學主要聚焦在精神病和心理問題上。他提倡，除了治療問題，心理學也可以使人的生命更幸福豐盛，幫助人認識自己並發展強項。

正向心理學其中一個重要的主題是「幸福」，而幸福包括五個元素[2]：

1．正向情緒（Positive Emotions）：例如快樂、溫暖、舒服等主觀的感覺；

2．全情投入（Engagement）：當一個人全心投入做享受和重視的事情時，他／她會經歷正面的情緒；

3．正向人際關係（Relationships）：包括和其他人互相關心、幫助、互相欣賞及表達謝意；

4．正向意義（Meaning）：感到生活有意義和有價值；

5．成就感（Accomplishment）：完成一件事情時，為自己做的事情感到愉快或有成功的感覺。

1 | Seligman, M. E. P., & Csikszentmihalyi, M. (2000). *Positive psychology: An introduction. American Psychologist, 55*(1), 5–14.

2 | Seligman, M. E. P. (2011). *Flourish: A visionary new understanding of happiness and well-being.* New York, NY: Free Press.

我們怎樣可以變得更快樂？

正向心理學經常會探討怎樣可以令一個人有更多正面的情緒及變得更快樂。根據心理學家的研究，以下這些活動能幫助我們成為一個更快樂的人：

- 感謝生命中美好的事情：例如花一些時間回味自己每週發生的快樂片段。
- 助人為快樂之本：雖然有一點老套，但幫助人的確能令自己也快樂起來。
- 與家人、朋友享受生活：現代人都很忙碌，但人其實比事更重要。美好的人際關係會為我們帶來幸福的感覺。
- 健康和有規律的生活模式：每天的作息、運動和飲食，也會影響我們的情緒。好好照顧自己往往能幫助我們變得更快樂。

總的來說，以上這些點子雖然是一些老生常談，不過當中還是具一些人生智慧及參考價值。

甚麼是「心流」？

當一個人全神貫注地做一件事情時，他／她會經歷一種欣然自樂的忘我境界，心理學家稱之為「心流」（Flow）[3]。

心流通常有以下的共通點：

- 完全專注於那件事情或活動上。
- 沉浸於那經驗中，有忘我的感覺。
- 有很大的內在動機去完成那件事，例如即使有沒有獎賞，仍很想做那件事情。
- 對時間的主觀經驗改變，例如感到快樂不知時日過。
- 過程具一定的挑戰性，但同時具有足夠的技能完成。
- 具明確的目標及即時的回饋。
- 過程輕鬆自在，並覺得自己能夠把事情完成。
- 覺得事情在掌握之中。

3 | Csikszentmihalyi, M. (1990). *Flow: The psychology of optimal experience*. Harpercollins.

我們可以如何進入心流？

最簡單的方法，便是在日常生活中，給自己一些時間和空間，去進行自己所喜愛的活動。

選擇活動時，可以考慮一些富挑戰性，但同時覺得自己有足夠能力去完成的。

有一些活動能夠幫助我們放鬆，但卻未必能令我們進入心流的狀態，例如是看電視。由於這些活動欠挑戰性，因此完成後或過程中未必有很大的滿足感。

另一邊廂，如果活動太艱難，我們也難以出現心流的狀態。例如，一個只有一級琴技的學生如果被安排彈奏五級的樂章，或會因為感到自己沒能應付而感到很大壓力及不安。

當我們參與所喜愛的活動而達至心流的狀態時，我們會經歷愉快的情緒。

由於我們的專注力絕大部分集中到那活動上，煩惱及其他負面情緒，亦會拋諸腦後！

每顆都不一樣的小石頭——

教育心理學家的日常講談室，聊聊那些資優、過動、自閉、讀寫障礙……擁有不同特質的孩子成長心事

作　者——Diane Lo（戴公主）
顧　問——羅偉柏博士
設　計——@freeflow.imagination
編　輯——阿丁 Ding

出　版——格子盒作室 gezi workstation
郵寄地址：香港中環皇后大道 70 號卡佛大廈 1104 室
網上書店：gezistore.company.site
臉書：www.facebook.com/gezibooks
IG：www.instagram.com/gezi_workstation
電郵：gezi.workstation@gmail.com

發　行——一代匯集
聯絡地址：九龍旺角塘尾道 64 號龍駒企業大廈 10B&D 室
電話：2783-8102
傳真：2396-0050

承　印——美雅印刷製本有限公司

出版日期——二〇二五年七月（初版）

國際書號——ISBN 978-988-75726-5-7

「如今常存的有信、有望、有愛，這三樣，其中最大的是愛。」

說到底，愛就是這世界最重要的價值。